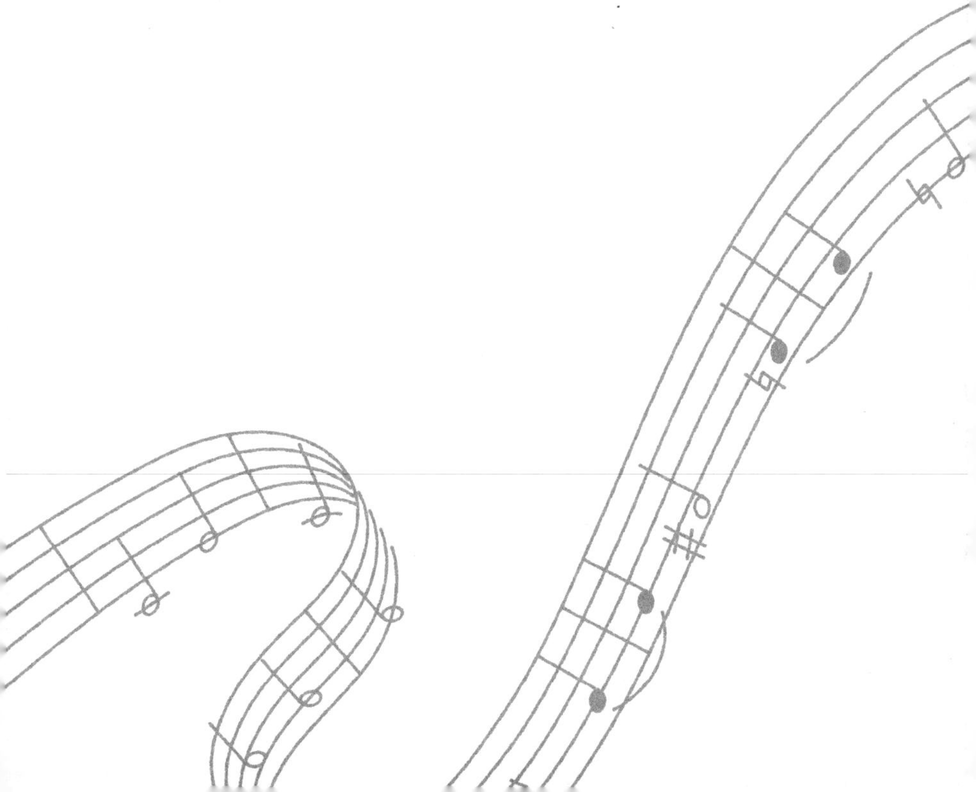

GABRIEL YORAN

SCHLEICHWEGE ZUR KLASSIK

Musik aus fünf Jahrhunderten neu entdecken

Insel Verlag

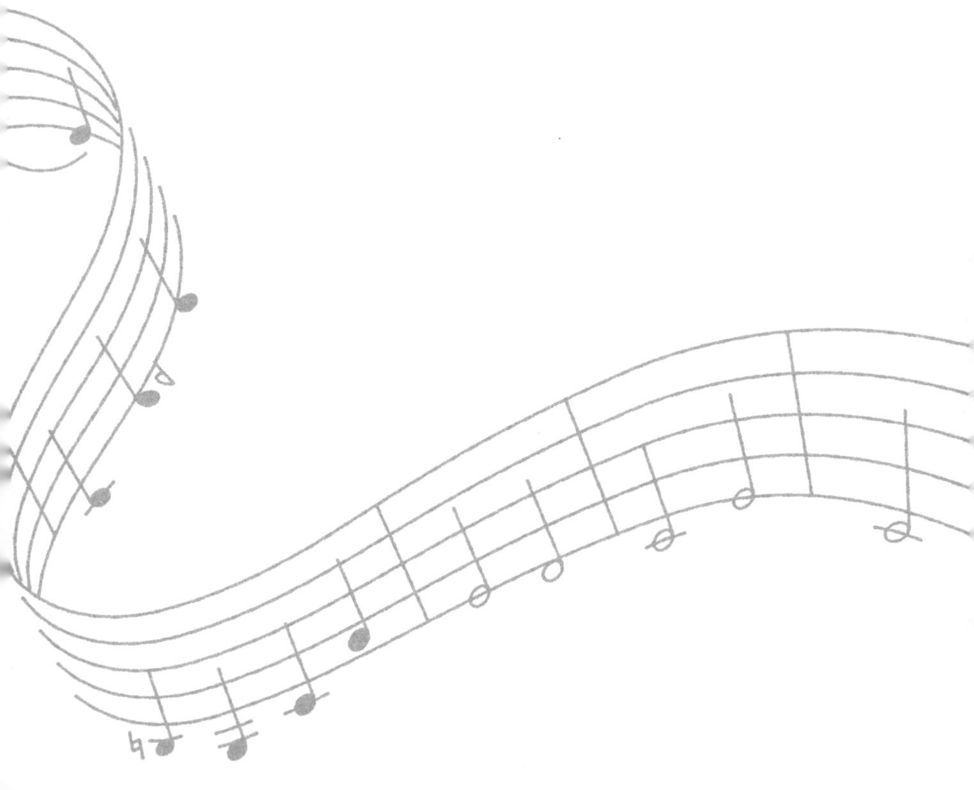

Klimaneutral
Druckprodukt
ClimatePartner.com/14438-2110-1001

Erste Auflage 2024
Originalausgabe

Umschlaggestaltung und Illustrationen im Innenteil von Christoph Rauscher, Berlin, unter Verwendung von Noten aus dem »Musikalischen Opfer« von Johann Sebastian Bach, 1747
Druck und Bindung: CPI books GmbH, Leck
Printed in Germany
ISBN 978-3-458-64447-7

www.insel-verlag.de

SCHLEICHWEGE ZUR KLASSIK

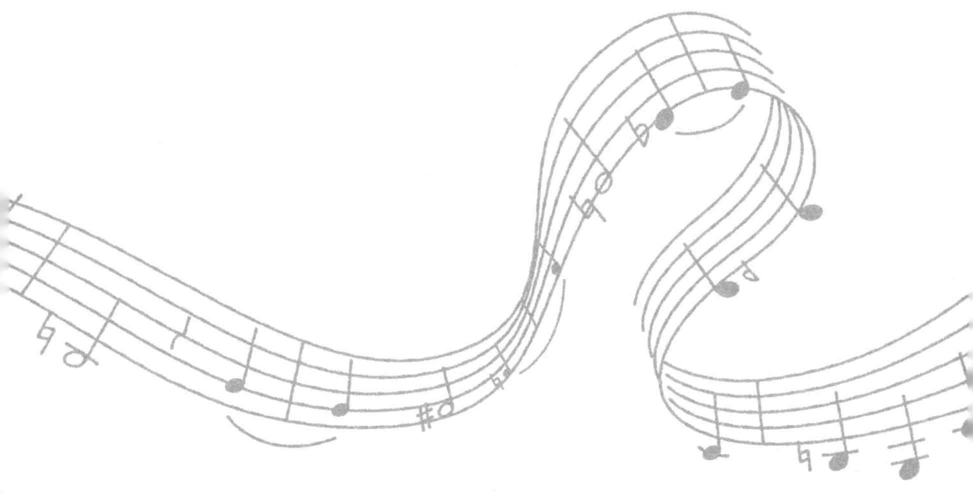

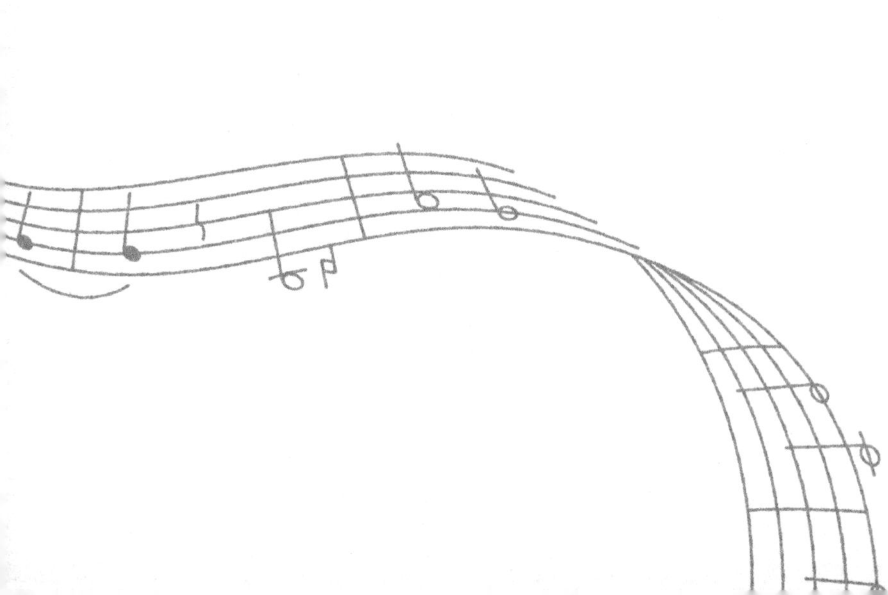

INHALT

VORSPIEL

Als ich neun war, kamen meine Eltern monatelang ungewöhnlich spät von der Arbeit nach Hause. Sie waren dann jedes Mal völlig erledigt und ächzten nur: »Mahler!« Das musste etwas wirklich Schlimmes sein, dachte ich mir damals, »Mahler«.

Meine Eltern waren Profimusiker im Radio-Sinfonie-Orchester Frankfurt (heute HR-Sinfonieorchester). Meine Mutter ist Harfenistin, mein Vater Cellist. Und damals hat das Orchester alle zehn Sinfonien des österreichischen Komponisten Gustav Mahler auf CD aufgenommen. So ein Projekt dauert Monate, vielleicht Jahre, und es geht an die Substanz.

Ich komme zwar aus einer Musikerfamilie, fand aber selbst erst spät zur klassischen Musik. Ich weiß, wie es ist, diese Musik nicht zu verstehen. Nach sieben Jahren widerwillig absolviertem Klavierunterricht haben meine Eltern entnervt aufgegeben: Du musst nicht mehr zum Unterricht gehen, haben sie gesagt. Aber wenn du jetzt aufhörst, wirst du es bereuen. Ich war vierzehn. Natürlich habe ich aufgehört, und natürlich habe ich es bereut.

Denn heute ist das Entdecken von klassischer Musik, auch jenseits der großen Namen, eines meiner Hobbys: Ich empfehle seit Jahren mehr oder weniger unbekannte Stücke auf Social Media. Und ich schreibe kleine Assoziationen dazu, die vielleicht helfen, einen Zugang zu der Musik zu finden. Nachdem ich darauf lange meist keine Reaktion bekommen hatte, änderte sich das schlagartig im Sommer 2018. Mehrere Leute baten mich um Playlists, über die sie einen Einstieg in die Klassik finden konnten. Diese vielfach geteilten Playlists wiederum führten zu dem Angebot des Onlinemagazins Krautreporter, eine kleine Einführung in die Welt der Klassik zu schreiben. Aus einem Artikel wurde eine ganze Reihe und daraus 2020 das Buch »Klassik verstehen«. Seit 2021 setze ich meine sehr subjektive Art der Musikvermittlung in dem persönlicheren Newsletter »Schleichwege zur Klassik« fort.

Ich bin kein Musikpädagoge, kein gelernter Musikvermittler, habe aber durch meinen frühen Kontakt mit der Klassikwelt keine Berührungsängste mit Konzertsälen und Opuszahlen. Gleichzeitig weiß ich, wie nervig es sein kann, zu etwas gezwungen zu werden, was man nicht mag, wie sich die Klassikszene selbst ein Bein stellt mit ihren Hörgewohnheiten, und da ich ziemlich genau nachzeichnen kann, wie ich von völligem Desinteresse zu großer Begeisterung kam, unternehme ich ebendiesen kleinen Versuch, anderen in diese Welt hineinzuhelfen. Und das geht natürlich nur mit der Musik selbst.

Deshalb habe ich die Texte in diesem Buch um Musikbeispiele herum geschrieben. Um sie anzuhören, richtet man einfach das Smartphone auf die QR-Codes. Dafür braucht man keine spezielle App, die normale Kamerafunktion reicht. Meist öffnet sich dann YouTube, so dass man kostenlos in die Musik reinhören und oft sogar dabei zuschauen kann, wie sie gemacht wird. Sollte ein Link kaputt sein, freue ich mich über eine Nachricht an den Verlag, wir können das dann korrigieren.

1
WARUM SIE HEUTE IN DIE WELT DER KLASSIK EINSTEIGEN SOLLTEN

Warum ausgerechnet klassische Musik? Klassik ist doch Alte-Leute-Musik, heißt es, ein steifes, elitäres Unterfangen und sterbenslangweilig. Die Klassikszene bedient sich einer verrückten Geheimsprache, und wenn man nicht weiß, was Allegro, Adagio und Sonate bedeuten, wenn man mit Opuszahlen und Tonarten nichts anfangen kann, dann kann man es auch gleich lassen.

Ist Klassik nicht das, was einem schon als Kind im Musikunterricht ausgetrieben wird? *Peter und der Wolf*, Peter und der Wolf, noch ein Peter, noch ein Wolf. Klassik ist auf jeden Fall das, wo man nicht weiß, ob man klatschen darf oder nicht. Klassikkonzerte sind schweineteuer, und die Musik ist völlig überholt. Außerdem haben Sie keine passenden Klamotten. Und dies sind nur einige wenige der Ressentiments, auf die ich gestoßen bin.

Die Klassikszene ist nicht ganz unschuldig an dieser Wahrnehmung, aber elitäres Gehabe ist kein Spezialproblem der Klassik. Fragen Sie mal Leute, die sich damit auskennen, ob dies oder das noch Hip-Hop ist oder schon Pop. Die werden Ihnen auch was erzählen. Die Grenzen zwischen den Genres werden überall streng bewacht. Das Kennergehabe ist im Techno mindestens so schlimm wie in der Klassik, und die Türpolitik ist in jeder Provinzdisco strenger als in der Philharmonie.

Dennoch ist die Klassik kein Breitensport. Wer sie hört, hat einen höheren Bildungsabschluss als der Durchschnitt und verdient im Schnitt mehr. Der Zusammenhang ist relativ klar: Klassik hören kostet Zeit. Man kann es schlecht nebenher machen, zumindest nicht so richtig. Wer wegen Arbeit und Familie also kaum Freizeit hat, wer also keine Muße aufbringen kann, wird es schwer haben mit der Klassik.

Dennoch: Es war noch nie so aufregend, einfach und günstig wie heute, einen Einstieg in die klassische Musik zu finden. Denn heute kann man sich für rund zehn Euro im Monat durch praktisch die gesamte Musikgeschichte hören. Und das überall. Dank Smartphone und Musikstreaming steht eine ganze Welt offen.

Mit dem Siegeszug von MP3, der mit der Sharingplattform Napster Ende der 1990er begann, bekam ich plötzlich Zugriff auf Musik, die zwar eindeutig für Sinfonieorchester geschrieben war, aber die Namen der Komponisten – und Komponistinnen! – sagten mir nichts. Wie konnte das sein? Konfrontierte ich meine Eltern mit den Fundstücken, waren die Reaktionen meist die gleichen: Ich erfuhr im Wesentlichen, bei wem der Komponist »gefrühstückt«, also abgeschrieben hat. Warum das nur ein »Epigone« Mozarts war, also eine wenig talentierte *Copycat*. Warum man dies oder das »zu Recht« nicht kennt. Der einzige Zugang, den meine Eltern zu der Musik haben, die sie noch nicht kennen, ist durch den – meist abschätzigen – Vergleich mit dem, was sie schon kennen. Alles andere ist entweder »noch vor Bach«, »ein Schüler Beethovens«, »im Stile von Wagner« und so weiter. Nichts kann für sich stehen, alles ist in Wirklichkeit immer auf etwas anderes bezogen. Die Klassiker der Klassik sind sozusagen so klassisch, da kann nichts mithalten. Was natürlich nicht stimmt.

Barbara Hallama, die für iTunes, Google Music und Klassik Radio gearbeitet hat, sagt, dass wir früher erst von neuer Musik gelesen und sie dann angehört haben. Wir haben CDs gekauft und dann lange das Cover angeschaut und das Booklet gelesen, bevor wir überhaupt irgendwo waren, wo man sie abspielen konnte. Heute ist es umgekehrt: Sie können auf Streamingdiensten Musik entdecken, ohne irgendetwas über die Künstler, das Genre oder sonst etwas wissen zu müssen.

Empfehlungsalgorithmen machen es möglich. Erst im Nachhinein können Sie sich die Hintergründe anlesen, weitere Stücke aus derselben Feder entdecken, Hörhilfen in Anspruch nehmen und so weiter. Das Musikstreaming macht, dass tatsächlich die Musik wieder im Vordergrund steht und weniger ihr sozialer Kontext, die Distinktionsakrobatik der Leute, die in den jeweiligen Genres die Meinungen machen, oder die Verwertungsinteressen der Musikindustrie.

Sie können sich heute allein auf das konzentrieren, was Klassik so besonders macht: Es gibt wahrscheinlich keine menschliche Regung, kein noch so zartes oder starkes Gefühl, das nicht in die Form klassischer Musik gebracht worden wäre. Oder anders gesagt: Es gibt wahrscheinlich nichts, was Sie nicht irgendwo in der klassischen Musik wiederfinden können.

Aber: Einfach nur durchs Zuhören erschließt sich die klassische Musik nicht. Die romantische Vorstellung, Musik sei eine universelle Sprache, die jeder versteht, ist falsch. Berthold Seliger schreibt in dem 2017 erschienenen Buch *Klassikkampf*: »Hören wir uns sakrale Flötenmusik aus Neuguinea an oder haitianische Voodoo-Ritualmusik, oder den aserbaidschanischen Mugham eines Alim Qasımov. Verstehen Sie diese ›Sprachen‹?« Seligers Fazit ist ernüchternd: »Jedes Kind weiß, dass man eine Sprache lernen muss, dass man eine Sprache nicht ohne Weiteres versteht.«

Musik ist eine Sprache, die man lernen muss – wenn sie überhaupt eine Sprache ist. Und bei klassischer Musik gilt erst recht: Das Hören muss man lernen.

2
WAS SIE ÜBER KLASSIK NICHT WISSEN MÜSSEN

Die Darstellung von klassischen Musikern im Film ist häufig eine Katastrophe. Meist sind es wahnsinnige Typen mit wehendem Haar, die nur die Kunst kennen und sich im echten Leben nicht zurechtfinden. Auf Profiniveau zu musizieren, ist aber in erster Linie sehr viel Arbeit. Vormittags Orchesterproben, nachmittags daheim üben und dann mehrmals die Woche abends Konzert. Die Berufskrankheiten sind schmerzhaft, denn die Arbeitsgeräte sind keine ergonomischen Glanzleistungen. Und wenn man Jahrzehnte neben den Posaunen, Hörnern und Trompeten auf der Bühne sitzt, ist zumindest ein Ohr irgendwann nicht mehr zu gebrauchen.

Und Musik nur zum Spaß hören – das können Profimusiker oft auch nicht mehr. Meine Eltern zählen mit, warten angespannt auf ihren Einsatz – selbst wenn da nur irgendeine Opernaufnahme in einem italienischen Lokal läuft. Musik hören von CDs oder Schallplatte hieß bei uns daheim »Musik abhören«, das sagt schon einiges. Diese sehr merkwürdige Arbeit, bei der du mit rund hundert Leuten stundenlang auf Bruchteile von Sekunden und vor Publikum immer perfekt abliefern musst – das hinterlässt Spuren.

Wenn es schon für die Profis schwer ist, wie sollen Laien da klarkommen? Tatsächlich ist die Frage, wie man den Weg in die Klassik ebnen kann, erst seit ein paar Jahren in Deutschland ein größeres Thema. Ein Grund dafür: Klassik bedeutete die längste Zeit auch Klasse. Ein furchtbarer Dünkel, ein nerviges Gewese um das Wesen dieser Musik. Als etwas, das sich einem entweder erschließt oder eben nicht. Als etwas, das man nicht vermitteln kann, wenn man da nicht reingewachsen ist. Die Klassik wird in Deutschland auch E-Musik oder Ernste Musik genannt (im Gegensatz zur U-Musik, der Unterhaltungsmusik). Diese Begriffe waren als GEMA-Tarifstufen entstanden, sind ziemlich verstaubt und nicht sehr hilfreich, aber ihre schiere Existenz verweist auf ein historisches Problem bei der Vermittlung klassischer Musik in Deutschland: das starke Bedürfnis, Linien zu ziehen, abzugrenzen. Zu sagen, was und wer dazugehört und was und wer nicht. Kein Wunder, dass viele Leute Klassik für eine Geheimwissenschaft halten.

Aber das soll uns jetzt egal sein.

Tatsächlich sind viele vom Bildungsbürgertum als Tradition hochgehaltene Kulturtechniken relativ jung. Die Musealisierung der klassischen Musik gehört dazu. So hat man erst im 19. Jahrhundert angefangen, in andächtiger Stille im Konzert zu sitzen. Davor waren Konzerte mehr oder weniger wilde Veranstaltungen ⊙, während derer geredet, gegessen oder mit Kissen geworfen wurde. Der Konzertsaal selbst ist eine Erfindung des 19. Jahrhunderts!

Und in ein Konzert zu gehen, muss nicht teuer sein. Popkonzerte sind im Schnitt viel teurer, zumindest in Deutschland, wo viele klassische Orchester bezuschusst werden. Es gibt wohl kein Land auf der Welt, wo man so gute Orchester und Ensembles so günstig hören kann wie in Deutschland. Und man muss meist nicht mal weit anreisen, denn es gibt fast überall Orchester. Die besten Musikschaffenden der Welt kommen nach Deutschland, weil es für sie das Gelobte Land ist. Und außerdem gibt es in letzter Zeit immer mehr informelle Konzerte, an ungewöhnlichen Orten, draußen, und natürlich (wie meist) ohne Kleiderordnung. In den Niederlanden kommt eine App namens Wolfgang ▶ zum Einsatz, die einem im Konzert live zur Musik anzeigt, was da gerade passiert. Und es gibt die Veranstaltungen professioneller Musikvermittler wie Arno Lücker. Er moderierte acht Jahre lang die Reihe »2 × hören« am Konzerthaus Berlin. Dort werden Stücke zweimal gespielt und dazwischen eine knappe halbe Stunde darüber gesprochen. Lücker sagt, man sehe dem Publikum die gesteigerte Intensität beim wiederholten Anhören förmlich an. Und genau darum geht es: die Intensität des Zuhörens zu vergrößern.[1]

Was ich mit »Intensität des Zuhörens« meine? Ich kann gut nachvollziehen, wenn jemand sagt: Klassik finde ich langweilig. Natürlich ist etwas langweilig, das man nicht versteht. Was ist langweiliger als ein Buch in einer fremden Sprache? Und wenn ich mir hundertmal einen altaramäischen Text anschaue, wird er sich mir nicht erschließen. So ähnlich ist das mit der klassischen Musik. Wie soll man zu etwas eine intensive Beziehung aufbauen, das man gar nicht versteht?

Dazu kommt die vorherrschende Überzeugung, man müsse in einem klassikaffinen Haushalt groß geworden sein, um den Zugang zu bekommen. Aber das stimmt nicht: 43 Prozent derjenigen, die heute klassische Musik hören, hatten als Kind gar keinen Kontakt dazu.

1 Dass man das Hören klassischer Musik lehren kann, ist eine in Europa relative neue Erkenntnis. In Großbritannien und den USA wird das Hören klassischer Musik bereits seit Ende des 19. Jahrhunderts vermittelt. Der amerikanische Komponist und Dirigent Leonard Bernstein veranstaltete 1958 in New York die »Young People's Concerts« ▶. Erst seit 1998 gibt es den Studiengang »Musikvermittlung«, Pionierin war die Hochschule für Musik Detmold.

Studien belegen steigende Konzertbesucherzahlen ⊙. Und in der repräsentativen Umfrage der Zeitschrift *Concerti* ⊙ aus dem Jahr 2016 antworteten 31 Prozent der Befragten, dass sie klassische Musik »sehr gern« oder »auch noch gern hören«. Das kann natürlich auch einfach heißen, dass sie nicht sofort weiterskippen, wenn im Autoradio auf Klassik Radio der *Imperial March* aus *Star Wars* ⊙ läuft. Und nichts gegen *Star Wars*! Filmmusik ist für viele der erste Berührungspunkt mit sinfonischer Musik, also Musik, die von einem rund hundert Personen starken Sinfonieorchester gespielt wird. Filmmusik ist zwar keine klassische Musik, aber ohne sie klänge auch Filmmusik ganz anders.

Tatsächlich sind die bekanntesten Filmmusiken meist Variationen romantischer und spätromantischer Musik. Klassische Musikerinnen und Musiker blicken deshalb manchmal etwas verächtlich auf Filmmusik, weil es oft *Rip-offs* sind. Wie viel von John Williams ist eigentlich Wagner, Korngold, Chopin oder Tschaikowski? Ziemlich viel ⊙.

Vor allem aber hat Filmmusik mehrere unfaire Vorteile gegenüber der Klassik: Sie wird mit den besten Musikvideos ausgeliefert, die wir kennen, nämlich Kinofilmen. Wir denken, Filmmusik macht, dass wir uns gruseln oder uns freuen oder mit den Helden und Heldinnen mitfiebern. Aber ich glaube, es funktioniert andersrum: Filme machen, dass wir wissen, was wir bei der Musik empfinden sollen. Die Marimba-Akkorde ⊙ am Anfang von *American Beauty* – beim ersten Sehen des Films bedeuten sie noch nicht viel, aber wenn wir den Film kennen und die Musik erneut anhören, werden die Bilder vor unserem inneren Auge wieder lebendig und mit ihnen die Konflikte, der Witz, das ganze Drama. Wir wissen dann, was wir fühlen sollen, woran wir uns erinnern sollen. Aber in der Klassik, wie soll das da gehen? Es gibt meist keine Handlung, keine Geschichte, in Konzerten meist auch keinen Gesang.

Ein Musikvideo würde sicher helfen, aber die gibt es nur selten und auch nur für einige wenige Superstars, die bei den großen Labels unter Vertrag sind. Man kann sich aber behelfen. Ich habe das durch Zufall herausgefunden. Was hilft, ist ein Satz, eine Formulierung.

Bei mir lief das so: Irgendwann zitierten meine Eltern beim Abendessen ihren damaligen Chef, den Dirigenten Eliahu Inbal, der bei einer Orchesterprobe sagte: »Bei Mahler guckt selbst bei den schönsten Stellen der Teufel um die Ecke.« Dieser Satz wurde mein Schlüssel erst zur Musik Gustav Mahlers und dann zur gesamten klassischen Musik.

Mahler gehört eigentlich nicht zur Klassik im engeren Sinn. Die (Wiener) Klassik ist in der Musik eine Epoche von ungefähr 1780 bis 1825. Danach begann die Romantik. Es sind zwei aufeinanderfolgende kunstgeschichtliche Epochen. (Es gibt diese Epochen auch in der Literatur und der Malerei, wo sie absurderweise zeitlich anders liegen, aber das ist eine andere Geschichte.) Mahlers Musik spielt am Übergang zwischen Spätromantik und Moderne, fast hundert Jahre nach dem Höhepunkt der Klassik.

Wer also sagt, Klassik ist vorbei, der hat auf eine Art Recht. Tatsächlich gibt es diesen Gedanken, es passiert da nichts mehr, weil schon alles gesagt ist. Nicht wenige klassisch ausgebildete Musikprofis glauben tatsächlich, dass alle Harmonien, alle Melodien, die wir in Europa als schön empfinden, bereits Anfang des 20. Jahrhunderts komponiert worden waren.

Ob das stimmt, lässt sich nicht sagen. Aber es gab zu diesem Zeitpunkt ein starkes Bedürfnis in der europäisch geprägten Musikwelt, etwas anderes zu machen. Es gab diese Phasen immer wieder in der Geschichte der klassischen Musik, aber was etwa ab 1908 passiert ist, erschließt sich den meisten Zuhörenden auch heute nicht ohne Weiteres.

Grob gesagt nennt sich diese Musik, die wir verstehen und die die meisten Zuhörenden irgendwie nachvollziehen können, inklusive der Popmusik, tonale Musik. In der tonalen Musik haben wir meist ein Gefühl dafür, wie ein Stück weitergeht. Das ist so, weil in der tonalen Musik bestimmte Töne wichtiger sind als andere, die Musik will förmlich dorthin, sie will »nach Hause«.

Es gibt jahrhundertealte Regeln dafür, wie Harmonien (also die Zusammenklänge bestimmter Töne) sich entwickeln müssen. Diese Regeln haben Komponisten im 20. Jahrhundert zu brechen begonnen. So erfand Arnold Schönberg die Zwölftonmusik ⊙, bei der alle zwölf Töne einer Oktave gleich wichtig sind. Diese Musik klingt für die meisten Menschen völlig unverständlich, und nur sehr wenige hören sie sich freiwillig an. Was das Geniale an dieser Musik ist, damit befassen wir uns im 7. Kapitel. Vorher muss ich nochmals auf den Satz zu sprechen kommen, der für mich alles verändert hat: »Bei Mahler guckt selbst an den schönsten Stellen der Teufel um die Ecke.«

Dieser Satz enthält die zwei wichtigsten Dinge, die man über klassische Musik meiner Meinung nach wissen muss: Erstens, dass sie Ideen und Gefühle vermitteln kann und zwar ohne Sprache. Und zweitens, dass diese Musik interpretiert werden muss. Der Satz drückt die Lesart des Dirigenten aus. Es gibt andere Interpretationen, aber das ist die von Inbal. Dirigenten wie er (und zunehmend auch Dirigentinnen) vermitteln professionell Musik – und ihr erstes Publikum ist das Orchester selbst. Leider bleibt ein Großteil ihrer Arbeit dem Publikum verborgen, denn sie bleiben im Konzert stumm. Aber in den Proben reden sie mit dem Orchester.

Die Person mit dem Taktstock hat idealerweise eine Vorstellung davon, worum es in einem Stück geht, und leitet daraus ab, wie es ihrer Auffassung nach zu spielen sei. Instrumentalisten, die wissen, dass eine auffällig schöne Stelle nicht einfach nur schön klingen soll, sondern dass in ihr etwas Unheilvolles, Dämonisches mitschwingen muss, werden sie anders spielen. Dirigentinnen und Dirigenten werden ihre Auffassung dem Orchester vermitteln, aber wie Schauspieler nicht nur durch Behauptungen, sondern durch Mimik und Gestik. Und die besten Dirigenten werden die Illustration ihrer Interpretation in ihrem Gesicht, in ihrer Körpersprache während eines einstündigen Konzerts hundertfach variieren, um den gewünschten musikalischen Ausdruck zu erhalten. Beim Konzertbesuch bekommt man davon jedoch häufig nichts mit, weil die Dirigenten mit dem Rücken zum Publikum stehen. Anders auf YouTube. Dort kann man sich Konzerte ansehen und dabei der Person am Dirigierpult ins Gesicht gucken.

Schauen Sie sich in diesem Video ⊙ ein paar Minuten lang die Mimik des Dirigenten Kirill Petrenko an.

Viele Menschen glauben, Dirigentinnen und Dirigenten würden in erster Linie den Takt schlagen, aber das ist ein Irrtum. Die Hauptarbeit besteht in der Vermittlung der eigenen Interpretation der Musik. Und weil klassische Musik immer wieder neu interpretiert wird, gibt es von dem gleichen Stück oft Hunderte verschiedene Aufnahmen, die Klassiknerds miteinander vergleichen.

Dabei ist die Auswahl der »richtigen« Aufnahme anfangs völlig egal. Wer sein erstes Ei kocht, fängt ja auch nicht mit einer Salzverkostung an. (Ich gebe Ihnen im 3. Kapitel zwei verschiedene Aufnahmen des gleichen Stücks zum Vergleichen.) Die wesentliche Erkenntnis ist schlicht: Klassische Musik wird interpretiert. Und diese Interpretation macht einen Großteil ihres Reizes aus.

Denn nicht nur die Dirigentin interpretiert, auch die Zuhörenden tun es. Manchmal bewusst, manchmal unbewusst. Interpretieren heißt aber nicht nur, etwas aus der Musik herauszuholen, das möglicherweise an Bedeutung enthalten ist. Es bedeutet auch, etwas hineinzulegen, das man aus dem eigenen Leben, aus dem eigenen Schatz an Empfindungen kennt. Die klassische Musik ist, wie alle große Kunst, offen dafür.

Aus dem Musikunterricht in der Schule blieb mir vor allem Programmmusik in Erinnerung, in der Melodien oder Instrumente für konkrete Dinge stehen, zum Beispiel ein Tier wie bei *Peter und der Wolf* oder ein Gemälde in den *Bildern einer Ausstellung*. Aber mit dieser Art von Musik kann man vielleicht fünf Prozent des klassischen Repertoires erklären. Meist stehen Instrumente oder Melodien eben nicht für konkrete Dinge, die meiste klassische Musik ist *absolute Musik*. Das wäre ja sonst eine langweilige Rätselaufgabe: Man säße im Konzert und würde die ganze Zeit überlegen, wofür jetzt dies und wofür das steht. Wenn es um die Darstellung eines Wolfs geht, warum nicht einfach einen Wolf zeigen, dafür braucht man ja kein Orchester. Die Musik kann mehr, als nur Dinge darstellen.

Sie handelt von Ihnen. Sie bezieht sich auf die großen und kleinen Ereignisse in Ihrem Leben, auf Ihre Wünsche, Hoffnungen, auf die, die Sie lieben, auf die, vor denen Sie sich fürchten, auf Ihre spirituellen und intellektuellen Bedürfnisse, auf Ihr Verhältnis zur Welt, zu dem, was wir Natur nennen oder Gott, zum Kosmos, zum großen Ganzen. Sie handelt auch von sich selbst, von ihrer Tradition und wie sie immer wieder damit bricht.

Die Klassik bringt etwas zum Ausdruck, das Sie schon einmal selbst empfunden haben, wofür Sie aber keine Worte haben. Und weil Sie als Erwachsener schon mehr erlebt haben, können Sie mit der Klassik eigentlich erst etwas anfangen, wenn es in Ihnen Erinnerungen und Erfahrungen gibt, die wie Saiten anfangen, mit der Musik mitzuschwingen.

Zugegeben, das klingt sehr hoch gegriffen. Aber es wird verständlicher, wenn wir uns jetzt mal ein kurzes Stück anhören, im nächsten Kapitel folgen dann weitere im Detail. Popsongs bestehen meist aus einer kurzen, eingängigen Melodie. Die wird dann zwei-, dreimal wiederholt, und dann kann man sie oft schon mitsingen. In der klassischen Musik muss man ein bisschen länger zuhören. Wir probieren es mal mit zwei Minuten und elf Sekunden. Hören Sie sich dieses kurze Klavierstück von Chopin ⊙ an.

Nun hören Sie es sich nochmals an. Und jetzt schauen Sie sich diesen TED-Talk des amerikanischen Dirigenten und Musikpädagogen Benjamin Zander an (englisch, es gibt deutsche Untertitel) ⊙. Es dauert keine zwanzig Minuten, und die sind gut investierte Zeit. Nach dem Video haben Sie eine Ahnung davon, dass klassische Musik etwas bedeuten kann. Zander erklärt sehr unterhaltsam, welche Probleme die Klassik heute hat. Dann spielt er am Flügel das kurze Stück von Chopin und erklärt, worum es – seiner Meinung nach – darin geht. Und es ist schwer, ihm seine Interpretation nicht abzunehmen. Ich will nicht zu viel verraten, schauen Sie es sich am besten gleich an.

Es ist mir wichtig zu betonen, dass Benjamin Zander nicht unbedingt Recht hat, weil man in diesen Dingen nicht Recht haben kann. Vielleicht überzeugt Sie seine Interpretation, vielleicht nicht. Jede Zuhörerin und jeder Zuhörer darf selbst interpretieren, und alle können zu unterschiedlichen »Lesarten« kommen.

Die Interpretation ist also nicht nur Aufgabe der Musizierenden, sondern auch Ihre. Für den Einstieg wird es jedoch ganz hilfreich sein, eine mögliche Interpretation vorgeschlagen zu bekommen. Wir werden deshalb im folgenden Kapitel zusammen acht kurze Musikstücke hören – mit meiner subjektiven Interpretation. Der können Sie sich anschließen und wenn nicht, auch okay. *No hard feelings.*

3
ACHT STÜCKE FÜR IHREN EINSTIEG IN DIE KLASSISCHE MUSIK

Ich glaube, dass klassische Musik interpretiert werden will. Bei den folgenden Musikstücken gebe ich Ihnen je eine kleine Metapher, einen Satz, eine Idee, einen Begriff mit. Das hilft, sich dem Stück zu nähern. Dann spielen Sie das Stück (oder einen Ausschnitt daraus) direkt auf dem Computer oder Smartphone ab – es gibt YouTube-Links für alles. Denken Sie beim Hören an die Metapher. Aber vergessen Sie dabei nicht: Die meiste Musik handelt nicht von etwas Bestimmtem, und meine Metapher ist eine persönliche, Ihre könnte eine ganz andere sein.

Denken Sie sich diese Metapher als Leiter, die hilft, nach oben zu klettern, die aber nicht mehr benötigt wird, wenn man oben angekommen ist. Es geht erst einmal darum, den Einstieg in die klassische Musik zu schaffen.

Fangen wir an!

① REINPLATZEN MIT BACH

Bach gehört nicht zur Klassik, sondern zu der Epoche davor, dem Barock. Seine Musik ist zweihundertfünfzig Jahre alt, und da besteht die Gefahr, sie sehr gediegen zu spielen, sie vorsichtig und respektvoll anzugehen, wie ein Exponat im Museum. Das muss man aber nicht. In dem Hörbeispiel geht es darum, wie unterschiedlich dasselbe Stück gespielt werden kann.

Während die erste Variante relativ gediegen klingt, wird bei der zweiten mit Schwung in den Raum gespielt. Achten Sie nur mal darauf, wie in den ersten zehn Sekunden die Hörner klingen. In der zweiten Variante platzen sie förmlich herein.

Johann Sebastian Bach: *Brandenburgisches Konzert Nr. 1* in F-Dur (1. Satz) Variante 1, gespielt vom Münchener Bach-Orchester

Variante 2, gespielt von *Il Giardino Armonico*

Haben Sie einen Favoriten? Es gibt hier kein Richtig oder Falsch, aber schon hier können Sie hören, wie Musik interpretiert wird und dasselbe Stück immer wieder anders klingen kann. (Deshalb ist es für Klassikfans auch so wichtig zu wissen, welches Orchester, welcher Dirigent und welche Solistin spielen.)

② HERAUSWACHSEN MIT HAYDN

Häufig bestehen klassische Kompositionen aus mehreren Stücken, die nacheinander gespielt werden, mit kurzen Pausen dazwischen (in denen nicht geklatscht wird). Diese einzelnen Stücke heißen Sätze, und die Kenner rümpfen die Nase, wenn man sich nur einzelne anhört statt des ganzen Konzerts (aber wir lassen sie jetzt mal rümpfen). Meist folgt auf einen schnellen ersten ein langsamer zweiter Satz. So auch in diesem Beispiel von Joseph Haydn.

Wir hören den langsamen Satz aus seinem ersten Cellokonzert. Erst ein kleines Vorspiel des Orchesters, danach kommt der Solist: Das Cello hat aber keinen knalligen Auftritt. Es wächst ganz langsam aus dem Orchester heraus. Das passiert bei Minute 0:56. Zunächst hört man es gar nicht, dann zieht sich das Orchester zurück und macht Platz, damit das Cello die Melodie wiederholen kann, die das Orchester bereits angekündigt hat. Bei 1:34 passiert das Gleiche noch mal, aber da kennen wir es schon.

Joseph Haydn:
Cellokonzert Nr. 1 in C-Dur (2. Satz)

③ HINAUSZÖGERN MIT SCHUBERT

Schuberts Klaviertrio Nr. 2: Das Thema könnte »Zögern und Verführen« heißen. So jedenfalls hat Stanley Kubrick diese Musik interpretiert und eine berühmte Filmszene quasi nach Schuberts Musik gestaltet (mit nur kleinen Eingriffen in die Musik). In seinem Film *Barry Lyndon* verführt der Hochstapler Redmond Barry beim Kartenspiel die wohlhabende Adlige Lady Lyndon.

Franz Schubert:
Klaviertrio Nr. 2 in Es-Dur (2. Satz),
Bearbeitung für *Barry Lyndon*

④ VERKORKSTE KINDHEIT MIT MAHLER

Der 3. Satz von Gustav Mahlers 1. Sinfonie beginnt unvermittelt mit der Melodie von *Bruder Jakob*, aber in Moll, gespielt von einem einsamen Kontrabass. Mahler sagt uns: Das Kinderlied ist eigentlich ein Trauermarsch. Ihre Kindheit war eine Katastrophe, die nur darauf wartet einzutreten. Es gibt da Traumata, die Sie nicht verwunden haben. (Tatsächlich hatte Mahler eine einzige, aber immerhin vierstündige Sitzung bei Sigmund Freud.)

Bei Minute 2:48 beginnt eine der schönen Stellen, die bereits bei 3:14 wieder kippt. Bei 3:30 unternimmt Mahler einen weiteren Anlauf für eine schöne Stelle, bei 3:59 wird die Melodie aber schon wieder unterbrochen. Hier kann man es hören: Bei Mahler ist dem Frieden nicht zu trauen, Sie können verdrängen, wie Sie wollen, Ihre ungelösten Probleme werden wiederkehren. Selbst in den schönsten Momenten guckt immer der Teufel um die Ecke.

Gustav Mahler:
1. Sinfonie in D-Dur (3. Satz) ⊙

⑤ GLEICH GEHT'S LOS MIT BACEWICZ

Wo sind die Komponistinnen? Wie durchweg in der westlichen Kunstgeschichte wurden Frauen von den Männern kleingehalten. Frauen mussten sich um die Familie kümmern, während der Hausherr genial sein durfte (mehr dazu im 8. Kapitel). Glücklicherweise ändert sich das. Hier der erste Satz des Konzerts für Streichorchester der polnischen Komponistin Grażyna Bacewicz (von 1948).

Dieses Stück ist ein großartiges Werk, das fast fünf Minuten lang sagt: Mach dich bereit, gleich passiert etwas Großes! Nebenbei funktioniert diese Musik auch bei Kleinkindern sehr gut – insbesondere, wenn man sich gemeinsam das Video anguckt, wobei man auch noch Gelegenheit hat, die Namen der Instrumente zu wiederholen.

Grażyna Bacewicz:
Konzert für Streichorchester (1. Satz)

⑥ RHYTHMUS MIT ADAMS

Das Werk des Amerikaners John Adams hat den Titel *Short Ride in a Fast Machine* und gibt damit unserer Fantasie schon eine Richtung vor. Adams komponierte dieses Stück 1986, also lange nach dem angeblichen Ende der tonalen Musik Anfang des 20. Jahrhunderts. Und obwohl Adams durchaus tonal komponiert hat, geht es in *Short Ride* weniger um schöne Harmonien als vielmehr um Rhythmus (mehr dazu im 10. Kapitel).

Das Stück habe ich hier auch ausgewählt wegen der geradezu didaktischen Fernsehregie der BBC. Bei der Aufzeichnung waren so viele Kameras positioniert, dass jederzeit das Instrument gezeigt werden kann, das gerade seinen Einsatz hat. Die Energie, die John Adams, hier dirigiert von der fabelhaften Marin Alsop, in wenigen Sekunden auslösen kann, ist beeindruckend.

John Adams:
Short Ride in a Fast Machine

⑦ JETZT SIND SIE DRAN: UN-SUK CHIN

Un-suk Chin ist eine koreanische Komponistin, die in Berlin lebt. Es ist sehr schwer, etwas Konkretes über ihre Musik zu schreiben. Aber genau deswegen ist sie in dieser Liste. Bei ihrer Musik muss man ein bisschen experimentierfreudig sein. Aber man muss keine Angst haben.

Welche Gedanken kommen Ihnen beim Hören? Welche Gefühle? Was haben Sie nach den ersten Tönen erwartet? Hören Sie sich den vierten Satz ihres Klavierkonzerts (von 1996 bis 1997) ruhig zweimal an, auch wenn es vielleicht schwerfällt.

Un-suk Chin:
Klavierkonzert (4. Satz) ⊙

⑧ EINE SCHWIERIGE AUFGABE MEISTERN MIT BACH

Zum Schluss gehen wir noch einmal an den Anfang zurück: Ein Werk, das Bach für die Orgel geschrieben hat, spielt der Isländer Víkingur Ólafsson auf dem Klavier. Das ist okay – insbesondere bei Bach findet man diese sogenannten Bearbeitungen, bei denen ein Stück auf ein anderes Instrument übertragen wird. Dieses Stück handelt für mich vom Hochsteigen der Leiter.

In Bachs Orgelsonate Nr. 4 (komponiert zwischen 1727 und 1732) meistern wir gemeinsam eine schwierige Aufgabe. Erst erfahren wir, worin unsere Aufgabe besteht (vom Anfang bis Minute 0:14). Dann stellen wir fest, dass das alles komplizierter ist, als wir dachten (von 0:14 bis 0:42), wir probieren verschiedene Lösungsansätze aus. Bei 1:09 brauchen wir schon mehr Kraft, weil die Aufgabe wirklich schwer ist. Bei 1:33 erleben wir einen Rückschlag, es scheint plötzlich bergab zu gehen. Wir halten inne und versuchen es bei 2:00 erneut mit mehr Einsatz. Und noch einmal bei 3:08.

Bei 3:32 scheint es wieder bergab zu gehen, aber das ist jetzt nicht mehr schlimm, wir wissen jetzt, dass auch schlimme Krisen letztlich vorbeigehen. Also können wir (bei 3:59) mit aller Kraft die letzte Etappe in Angriff nehmen. Bei 4:45 erinnern wir uns an den Anfang unserer Reise, kurz vor dem Ziel zögern wir (bei 5:01) noch einmal, zögern das Ende unserer Reise kurz hinaus, bis wir endlich ganz oben sind und die Leiter nicht mehr brauchen.

Johann Sebastian Bach:
Orgelsonate Nr. 4 (2. Satz) ⊙

ZWISCHENSPIEL:
DEN SONG MAG ICH!

Auf Twitter, heute X, fragte die Nutzerin @Kleinstod einmal: »Warum haben klassische Songs eigentlich so schreckliche Titel, die man niemals wiederfindet mit 100 Nummerierungen?«

Zugegeben, in dem Zusammenhang ging es um einen ganz besonders komplizierten Fall, nämlich die Klavierbearbeitung eines Menuetts aus einer Suite für Cembalo von Händel. Dieses Menuett ist bei Spotify ein Song mit folgendem Titel: »Keyboard Suite No. 1 (Set II) in B-Flat Major, HWV 434 (arr. W. Kempff for piano): / Keyboard Suites, Set II, No. 1: IV. Menuet (arr. W. Kempff)«. Als Interpret wird (korrekt) der Pianist Roland Pöntinen genannt und wenn man dann noch ein bisschen rumklickt, erhält man in einem Fenster mit dem Titel »Songinfos« die nicht unwesentliche Information: »Geschrieben von: George Frideric Handel, Wilhelm Kempff«.

Über die Probleme, die die Klassik den insbesondere auf Pop ausgelegten Streamingplattformen wie Spotify bereitet, habe ich bei *Zeit Online* ⊙ schon mal geschrieben. Aber in dem Händel-Wirrwarr ist fast alles drin, was Werkbenennung im Streaming zur Hölle macht:

Komponist und Interpret sind nicht dieselbe Person. Mehrere Interpreten können dasselbe Werk aufführen. Das Werk stammt von einem ungeheuer produktiven Komponisten, dessen Werk nach seinem Tod von Musikwissenschaftlern in irgendeine Ordnung gebracht wurde (und nummeriert!). Der Name des Komponisten wird in verschiedenen Sprachen unterschiedlich geschrieben und so weiter und so weiter.

Und damit wären wir bei dem populärsten Problem bei der ganzen Sache: dass bei Spotify jedes Musikstück ein *Song* ist. Ein Satz aus einer Sinfonie oder einem Konzert: ein Song. Ein Stück für Klavier solo: Song. Das Vorspiel zu einer Oper: Song. Und eben auch ein Händel-Menuett. Alles Songs!

Weil wir hier unter uns sind: Es ist diese schlichte Sache, mit der man sich sofort als Klassik-Newbie zu erkennen gibt – in dem man es so macht wie Spotify und alles umstandslos »Song« nennt. Wenn Sie die Musik mögen, nennen Sie sie gern so, denn mit Begriffsfragen sollte niemandem der Weg zur Klassik verbaut werden. Aber es gibt einen einfachen Trick, wenn man nicht weiß, mit welcher Form man es zu tun hat: Das Wort »Song« ist fast immer falsch, aber das Wort »Stück« passt fast immer. Es ist nicht perfekt, aber damit kommt man schon ziemlich weit.

Es wäre schön, wenn ich einfach sagen könnte: Ein Song ist es nur, wenn jemand singt. Das ist auch fast richtig. Aber nicht immer, wenn jemand singt, ist es ein Song. Mehrstimmige Gesangswerke für Chor sind keine Songs (es sei denn es sind für Chor arrangierte Songs, was aber eher ein Randphänomen ist).

Und während jeder Song ein Lied ist, ist nicht jedes Lied ein *Lied*. Denn das *Lied* ist eine auch außerhalb der deutschen Sprache gebräuchliche Bezeichnung für eine bestimmte Gattung, nämlich das deutsche Kunstlied (*le lied* in Frankreich und *the lied* in Großbritannien). Die Aufführung eines Kunstlieds benötigt eine Gesangsausbildung, und Noten lesen können muss man dafür eigentlich auch (im Gegensatz zum Volkslied, das durch Vorsingen, Zuhören und Nachsingen weitergegeben wird).

Wenn man »Lied« auf Französisch übersetzt, kommt *chanson* heraus, aber wenn man das zurückübersetzt, könnte auf Deutsch auch ein *Chanson* gemeint sein, wenn es um die typisch französische Liedgattung geht. Und während im Englischen Lieder *songs* sind, sind Songs im Deutschen nur gesungene, populäre Musikstücke des 20. und 21. Jahrhunderts, »die sich an anglo-amerikanischen Vorbildern« orientieren, sagt zumindest Wikipedia. Es ist geradewegs zum Verrücktwerden!

Können wir uns wenigstens darauf einigen, dass in allen Spielarten von Lied und Song *gesungen* wird? Das wäre ja viel zu einfach! Natürlich ist das *nicht* so! Es gibt den Begriff des Songs nämlich zu allem Überfluss auch noch in einem weiteren Sinn: für Instrumentalstücke mit einer bestimmten *liedhaften* Ästhetik.

Von Felix Mendelssohn Bartholdy stammt eine Sammlung von Klavierstücken, die so klingen, als würden sie gesungen (oder als könnte man leicht eine Melodie dazu singen), aber es gibt keinen Text und niemand singt. Man kann sich aber gut vorstellen, wie diese Stücke kleine Geschichten erzählen (wie ein Lied), und nicht wenige haben echte Ohrwurmqualitäten (wie ein Lied). Diese Klavierstücke nannte Mendelssohn *Lieder ohne Worte*, wobei nicht ganz klar ist, ob dieser eingängige Titel nicht doch von seiner Schwester Fanny Hensel stammt.

Womit wir bei den Frauen in der Klassik wären, von denen man zu wenig hört – vor allem, wenn man sich aufrafft, etwas Festliches oder nicht so Festliches anzieht, und ins Konzert geht. Dort wird fast durchweg nur Musik von Männern geboten. Ich habe zum Beispiel noch nie ein Werk der Engländerin Ruth Gipps in einem Konzertsaal gehört. Bis sich das ändert, hören wir uns ihre Musik eben online an, und nach all dem Gejammer über den Songbegriff wäre ein guter Einstieg in ihr Werk der *Song for Orchestra*.

Es ist lyrische Musik, in dem verschiedene Instrumente singen – keine Worte stören diese kurze Tondichtung in einem typisch englischen Sound (einer von Gipps' Lehrern war der weit bekanntere Ralph Vaughan Williams). Das Stück beginnt mit einem Solo für Oboe, die Streicher sorgen für einen warmen Hintergrund, vor dem Holzbläser und Hörner kleine Soli spielen. Dann nimmt die Intensität zu, als ob durch einen Wald aus Streichern ein plötzlicher Windstoß fährt. Es folgt ein Klarinettensolo und mit der Solo-Oboe vom Anfang schleicht sich Gipps wieder aus dem *Song*. Ich habe keine Worte vermisst.

Ruth Gipps: *Song for Orchestra*,
Op. 33 ⊙

4

KOMPONIERT HEUTE NOCH JEMAND KLASSISCHE MUSIK? ALLERDINGS!

»Ich mag keine klassische Musik.« Den Satz hört man oft, aber ich glaube, dass ihn niemand wirklich so meint. Wahrscheinlich mag die Person keine orchestrale Musik oder Arien und Musik, die sehr lang (und langweilig) ist. Daher auch der Spruch: »Solange die dicke Frau noch singt, ist die Oper nicht zu Ende.«

Und vielleicht gefällt Ihnen persönlich tatsächlich keine Oper oder keine Barockmusik ⊙, aber das muss nicht heißen, dass Sie auch keine romantischen Klavierkonzerte ⊙ mögen. Es gibt einfach viel zu viel und viel zu viel Verschiedenes in der klassischen Musik. Es ist ein bisschen so wie zu sagen: Ich mag keine Kohlenhydrate, weil ich als Kind immer Pellkartoffeln essen musste.

Wie können wir uns Hunderten von Jahren Musikgeschichte nähern, ohne den immer gleichen Kanon zu reproduzieren, also die Musik abzufeiern, die man einfach gut finden muss, wenn man den Kennern glaubt? Es gibt in der klassischen Musik ein paar Sachen, die wirklich jeder kennt: Die dramatischen ersten vier Noten von Beethovens Fünfter Sinfonie ⊙, *Für Elise* ⊙, Mozarts *Kleine Nachtmusik* ⊙, – selbst, wenn einem diese Titel nichts sagen, die Musik hat man schon mal gehört, irgendwo, irgendwie.

Zu diesen nicht totzukriegenden Werken gehört Antonio Vivaldis *Vier Jahreszeiten* ⊙. Man kann es eigentlich nicht mehr hören. Das beschäftigte auch den in Deutschland geborenen und in England lebenden Komponisten Max Richter. Richter hat erfolgreiche Musik für Film ⊙ und Fernsehen ⊙ geschrieben, er weiß also, welche Knöpfe er beim Publikum drücken muss. Aber dann hat er etwas gemacht, was ihm unglaublichen Ärger bei den Gralshütern der klassischen Musik beschert hat – und allergrößte Liebe von Leuten, denen der Dünkel und das museale Gehabe der Klassikszene eh immer suspekt waren: Richter hat die *Vier Jahreszeiten* »rekomponiert«.

Hier eine Kurzdoku zu *Vivaldi Recomposed* ⊙.

So wie im Hip-Hop aus Samples ganze Stücke montiert werden, also aus Bestehendem Neues wird, hat Richter das fast dreihundert Jahre alte musikalische Material Vivaldis auseinandergenommen und wieder zusammengesetzt. Er hat aber nicht einfach nur einen Remix produziert, also eine bestehende Aufnahme umorganisiert. Richter ist klassisch ausgebildeter Komponist, sein Handwerkszeug ist die Partitur, also das Notenblatt, auf dem untereinander alle Noten stehen, die die Musiker im Orchester gleichzeitig zu spielen haben.

Richter nahm Vivaldis Noten, schnitt sie auseinander, verwarf drei Viertel des Originalmaterials und spielte mit einigen wenigen, aber für ihn entscheidenden Abschnitten: Einige Takte wiederholt er wieder und wieder. Dann lässt er plötzlich einzelne Noten weg. Oder unterlegt ein Geigensolo mit Bässen aus dem Synthesizer.

Klassische Musik will interpretiert werden. Von denen, die sie machen, denen, die dirigieren, und denen, die zuhören. Richter ging noch einen Schritt weiter, er rekomponierte Vivaldi, um ihn zu reanimieren. Und wie erfolgreich diese Reanimation war! Ich kenne nicht wenige Leute, die über dieses Stück ihren Weg zur Klassik gefunden haben. Und selbst wenn man das Original intim kennt, ist das Zuhören spannend, denn plötzlich führt der immer gleiche Spaziergang in ein Paralleluniversum, in dem alles vertraut und doch völlig anders ist.

Hier ein Live-Mitschnitt der US-Premiere in New York ⊙.

Und hier der Spotify-Link zur Aufnahme ⊙.

Richters Werk ist der vorläufige kommerzielle Höhepunkt einer neuen Strömung in der klassischen Musik, die Neo-Klassik genannt wird. Berlin spielt darin eine wichtige Rolle. Nicht nur stammt die erste Einspielung von *Vivaldi Recomposed* vom Berliner Konzerthausorchester, nicht nur gibt es in Berlin viele ungewöhnliche Klassikkonzerte ⊙, nein, in Berlin-Mitte hat auch das Label *Neue Meister* ⊙ seinen Sitz.

In der Rosa-Luxemburg-Straße will man jungen Komponistinnen und Komponisten ein Zuhause geben, die vor allem eines auszeichnet: Furchtlosigkeit. Keine Furcht vor Traditionen, vor den *Dos and Don'ts* der Szene, keine Furcht vor dem Überqueren der Grenze zwischen Ernster und Unterhaltungsmusik (ein sehr deutsches Problem, das uns jetzt nicht zu interessieren braucht).

Zu den *Neuen Meistern* gehört auch Arash Safaian, geboren in Teheran, aufgewachsen in Bayreuth. Wie Max Richter bedient sich Safaian bei einem Alten Meister, nämlich Johann Sebastian Bach. Aber anders als Richter hat Safaian nicht ein einziges Werk auseinandergenommen, sondern mehrere ineinandergeschraubt. Nicht weniger als fünf Bach-Werke montiert er in dem folgenden Stück zusammen – und an der Instrumentierung hat er ebenfalls gedreht, so kommen ein Konzertflügel und ein Vibraphon (eine Art riesiges, loungiges Glockenspiel) zum Einsatz.[2]

Arash Safaian:
ÜberBach ⊙

Manche halten Safaians und Richters Kompositionen für Kitsch – vergleichbar mit Rondò Veneziano ⊙, einem in den 1980er Jahren wahnsinnig erfolgreichen Ensemble, das poppigen Progressive Rock auf barockem Instrumentarium spielte – in Puderperücken.

Der Vergleich ist aber unfair. Während Rondò Veneziano nur oberflächlich wie Barock aussah, versucht sich Richter an einer respektvollen Auseinandersetzung mit einem der bekanntesten Musikstücke der westlichen Welt. Und Safaians Bearbeitungen sind vielleicht etwas dick aufgetragen, aber was soll's, es gibt ja genug Gegengift – zum Beispiel den ebenfalls bei *Neue Meister* erscheinenden Johannes Motschmann.

2 Bach war unglaublich produktiv, und einer der erfolgreicheren Versuche der Nachwelt, sein Schaffen zu katalogisieren, ist das 1950 veröffentlichte Bach-Werke-Verzeichnis (BWV). Findet man also irgendwo in der Musik die Abkürzung BWV, haben wir es mit Bach zu tun. In dem hier verlinkten Video verarbeitet Safaian BWV 142, 1072, 54, 924 und 245.

Johannes Motschmann:
Über die Produktion von *Electric Fields* ⊙

Auch Motschmann überschreitet Grenzen, bei ihm sind es die zwischen akustischen und elektrischen Instrumenten. Im Gegensatz zu Richter und Safaian hinterfragt Motschmann nicht bestehende Musik, sondern die Bedingungen ihrer Live-Reproduktion: Können wir Elektro machen, aber auf traditionellen Instrumenten und analogen Synthesizern?

Johannes Motschmann:
Electric Fields ⊙

Vielleicht fragen Sie sich jetzt: Was hat das noch mit Klassik zu tun? Und das ist gut so. Denn dies ist eine wesentliche Frage. Was gehört zum Kanon? Was ist klassisch? Und was bedeutet das heute? Darf man das Klassische vom Podest holen? Darf man es modernisieren? Muss man es sogar?

Und schon landet man bei einem alten Problem: »Das Klassische« ist eine relativ junge Erfindung, so wie der Konzertsaal, so wie das Stillsitzen-Müssen im Konzert. Der heilige Ernst, mit dem die klassische Musik betrieben wird, tut ihr nicht gut.

Zur Zeit Bachs und Vivaldis war das noch anders: Die Musik war nicht heilig, die Noten waren oft nur Orientierungen, um die herum die Musiker gespielt haben. Die ukrainisch-deutsche Komponistin und Pianistin Marina Baranova sagt im Interview ⊙ mit dem Deutschlandfunk:

»Die Aufführungspraxis im Barock ist wirklich unfassbar: was die sich erlaubt haben! Diese Freiheit, die sie sich genommen haben. [...] Noten haben sie damals wie eine Landkarte wahrgenommen. Was du damit machst, ist dir überlassen. Und deshalb waren alle Aufführungen sehr unterschiedlich. Es gab keine zwei gleichen oder zwei ähnlichen Aufführungen. Möglicherweise kennen wir das heute aus dem Jazz, so eine Wegbeschreibung, und du kannst damit machen, was dir deine Fantasie erlaubt.«

Baranovas Fantasie kann man in ihren *Hypersuites* nachhören, einem Album, in dem sie frei mit Barockmusik von Bach, Händel und den Franzosen Couperin und Rameau umgeht. Und dabei fast beiläufig eine weitere Grenze sprengt. Diese Musik enthält Hyperlinks, auch in viel spätere Epochen, sagt Baranova, und wenn daraufhin Stücke aus dem 17. Jahrhundert plötzlich wie Jazz oder Elektro klingen, dann ist das eben so.

Marina Baranova spielt François Couperin:
Troisième livre de pièces de clavecin: 18ème ordre, Le tic-toc-choc ou les maillotins ⊙.

Hier das gesamte Album
auf Spotify ⊙.

Vor einiger Zeit war ich in einem Konzert in der Berliner Philharmonie. Es gab *Die vier Jahreszeiten*, zuerst das Original von Vivaldi und nach der Pause die Fassung von Max Richter. Der große Saal war fast ausverkauft und das Publikum außer sich vor Begeisterung. Und es war deutlich jünger als die üblichen Konzertbesucher. Ein gutes Zeichen, dass die Links vom Barock in die Gegenwart gute Schleichwege zur Klassik sind.

Mittlerweile haben sich Musiker wie Hauschka und Raz Ohara (beide nicht in der Klassik heimisch) wiederum Baranovas Barock-

Interpretationen angenommen, sie remixt und weiterverarbeitet. Der Remix des Remix, wenn man so will – und auch diese Aufnahmen sind echte Bereicherungen: kleine Kunstwerke, die für sich stehen, aber auch Neugier wecken können auf die Originale.

Hypersuites Reloaded ⊙

Hier das gesamte Album
auf Spotify ⊙.

»Ich mag keine klassische Musik.« Wer das sagt, akzeptiert den Kanon, unterwirft sich einer bildungsbürgerlichen Erzählung, die vor allem daraus besteht, festzulegen, was dazugehört und was nicht. Dabei sind wir doch längst weiter. Die Hyperlinks waren immer schon da, jetzt müssen wir nur noch draufklicken.

Mehr Neo-Klassik, die sich um ältere Werke dreht:

Bach 333:
New Colours of Bach ⊙

Carl Craig und Moritz von Oswald:
ReComposed ⊙

Bersarin Quartett:
Bersarin Quartett ⊙

Eric Vloeimans und Holland Baroque:
Old, New & Blue ⊙

Recomposed von Peter Gregson:
Bach – The Cello Suites ⊙

ZWISCHENSPIEL:
DIE SPRACHE DER GELIEBTEN

Bei moderner Musik für klassische Instrumente ist das Publikum schnell gelangweilt, weil ihm das, was da passiert, beliebig erscheint, offenbar keine Bedeutung hat. Einfach eine Aneinanderreihung von Tönen, wenig Einprägsames, nichts *Schönes*.

Was die Zuhörenden vermissen, sind ihre drei ästhetischen Anker Harmonie, Rhythmus und vor allem Melodie, also eine singbare Tonfolge, die als abgeschlossen wahrgenommen wird. Das sagt sich so leicht. Wann wird etwas als abgeschlossen wahrgenommen? Woher wissen wir, dass etwas zu Ende ist? *Singbar* sind Tonfolgen, wenn sie monophon sind, also einstimmig. Und idealerweise ist eine Melodie etwas, was man sich merken, woran man sich erinnern kann.

Man kann sich etwas merken, wenn es für einen Sinn ergibt, wenn es an etwas anknüpft, was man schon weiß. Ich kann mir einen deutschsprachigen Text merken, aber keinen auf Dänisch, weil ich kein Dänisch kann. Und wenn es einen emotionalen Gehalt hat, ist es noch einfacher, sich etwas zu merken. Wie leicht lernt sich die fremde Sprache der Geliebten! Kurz gesagt: Ich kann mir merken, was ich verstehe und was mich berührt.

Das ist in der Musik nicht anders. Wenn ich die Regeln nicht kenne (nicht mal intuitiv), verstehe ich die Musik nicht. Ich kann nicht berührt werden, genauso wenig wie ich von einem dänischen Gedicht ergriffen sein kann. Ich kann mir also auch nichts merken und weiß nicht, ob und wann etwas abgeschlossen ist. Alles ist im besten Fall rätselhaft, aber meist frustrierend und langweilig.

Die Bratschistin Kallie Sugatski kennt diese Probleme. Sie ist (wie der Autor dieser Zeilen) ein Fan von *Wild Purple*, einem kurzen Stück für Bratsche solo.[3] Komponiert hat es 1998 die Amerikanerin Joan Tower, und es ist die Art moderne Musik, die viele ratlos zurücklässt, weil ihre Anker aus Harmonie, Rhythmus und Melodie nicht greifen.

Sugatski sagt, das Publikum, das in moderner Musik Melodien vermisse, werde nicht fündig, weil es nach der falschen Sache suche – wie barocke Ornamente in einer Bauhaus-Villa. Es gibt aber natürlich trotzdem unglaublich viel zu entdecken in solcher Musik, aber wie stellt man es an? Sugatski schlägt vor, auf »musikalische Gesten« zu achten.

Man kennt das Phänomen, dass man unwillkürlich bestimmte Bewegungen zu Musik macht, und damit meine ich nicht nur das Mitstampfen bei Märschen, sondern zum Beispiel Bewegungen der Hände, des Oberkörpers, des Kopfes, der Stirn, der Augen. Aber auch umgekehrt hat man eine Vorstellung davon, wie eine menschliche Bewegung musikalisch umgesetzt werden könnte: schluchzen, zögern, rucken, Anlauf nehmen, in sich zusammenfallen – all diese Gesten (und so viele mehr) sind Ausdrucksformen, die mit bestimmten menschlichen Bewegungen verbunden sind, die wir in Musik wiederfinden können. Bewegt sich jemand beim Musizieren oder beim Dirigieren unwillkürlich (oder auch kalkuliert) zur Musik wie auf einer Bühne, zeigt er oder sie dabei

3 Eine Bratsche sieht aus wie eine sehr große Geige. Man kann sie auch Viola nennen. Bratschisten sind so ein bisschen die Ostfriesen im Orchester, es gibt bergeweise Bratschenwitze, die wir hier nicht wiederholen möchten.

im Gesicht tausend Ausdrücke, illustriert dies einzelne musikalische Gesten – oder besser: verkörpert sie.

Ein musikalisches Mittel (von sehr vielen), mit dem solche Gesten zum Ausdruck gebracht werden können, ist das *Timbre*: Wie *klingt* ein Ton? Dieselbe Note kann sehr unterschiedlich gespielt werden. Auf einem Streichinstrument wie der Bratsche können die Saiten gestrichen oder gezupft werden, sie können an unterschiedlichen Stellen gestrichen werden, in unterschiedlicher Geschwindigkeit, mit verschieden starkem Druck des Bogens, und der Finger, der die Saite abdrückt, kann mehr oder weniger stark vibrieren. Der gestalterische Fundus bei der Wiedergabe schon eines einzigen Tons auf einem einzigen Instrument ist gigantisch.

Deshalb lassen sich auch ohne eingängige Melodie oder knackigen Rhythmus komplexe emotionale Zustände vermitteln. In den sieben Minuten von Joan Towers Musik finden sich so unterschiedliche Ausdrücke wie Zorn, Schüchternheit, Introversion und Leidenschaft – und wenngleich diese Eindrücke subjektiv sind, lohnt es sich, dafür offen zu sein, sie in den musikalischen Gesten moderner Musik vorzufinden.

Zu theoretisch? In diesem Video ⊙ zeigt die Bratschistin Kallie Sugatski mit konkreten Beispielen aus Towers Stück, wie ausdrucksstark diese Musik sein kann.

Nach all der Vorrede nun endlich zu Towers Stück selbst. Der jamaikanisch-amerikanische Bratscher Jordan Bak spielt *Wild Purple* von Joan Tower von 1998. Achten Sie auf die Gesten in der Musik, aber auch auf Körperhaltung und Mimik des Solisten. Es lohnt sich:

Joan Tower:
Wild Purple (1998) ⊙

5
DER TOD DER MUSIK, WIE WIR SIE KENNEN

Zu Beginn des letzten Jahrhunderts geschah in der klassischen Musik etwas Bemerkenswertes: der Tod oder besser der vermeintliche Tod der Musik, wie wir sie kennen.

Weiter oben habe ich »klassische« Musik vorgestellt, die heute komponiert wird. Dabei ging es vor allem um mehr oder weniger radikale Neuinterpretationen sehr viel älterer Musik, meist aus dem Barock. Es ging darum, Brücken zu schlagen zur Musik, die zweihundertfünfzig Jahre und mehr zurückreicht.

Jetzt soll es um die jüngere Vergangenheit der klassischen Musik gehen, nämlich um das 20. Jahrhundert. Natürlich lassen sich auf ein paar Seiten nicht hundert Jahre Musikgeschichte, nicht mal hundert Jahre westliche Musikgeschichte und auch nicht hundert Jahre westliche Musikgeschichte für klassisches Sinfonieorchester zusammenfassen. Darum geht es mir gar nicht.[4]

Ich will anhand einer ziemlich willkürlichen, aber diversen Auswahl zeigen, welche unglaublich unterschiedliche Musik in der klassischen Tradition das 20. Jahrhundert hervorgebracht hat – und wie ein Wiener Komponist bereits in den 1920ern unbeabsichtigt Elektro den Weg geebnet hat.

4 Diese Musikauswahl gibt keinesfalls einen Kanon der »wichtigsten« klassischen Musik des 20. Jahrhunderts wieder. Ich verlinke hier auch Abwegiges, was ich interessant finde und was hilft, einen größeren Zusammenhang zu verstehen.

Das europäisch geschulte Ohr hat klare Erwartungen, was harmonisch klingende Musik ist. Und wenn es mal unharmonisch wird, weiß man zumindest, okay, das kann ich kurz aushalten, das löst sich gleich schön harmonisch auf.

Der in Österreich geborene Komponist Arnold Schönberg wollte diese jahrhundertealte Tradition überwinden, diese Tradition, die unsere Hörgewohnheiten so sehr geprägt hat, dass man alles davon Abweichende erst mal furchtbar findet. Jahrelang experimentierte er mit Musik, die diese ehernen Regeln verletzt, ein früher Versuch war sein zweites Streichquartett von 1908:

Arnold Schönberg:
Streichquartett Nr. 2 (1908) ⊙

Es sieht aus wie ein normales Streichquartett (also zwei Geigen, eine Bratsche und ein Cello), und irgendwie kommt einem das bekannt vor, aber andererseits auch nicht.

Schönberg wollte aber nicht die bestehende Tradition verlassen, um die Tür zu einer Welt aufzustoßen, in der alles erlaubt ist. Er wollte dieser neuen Musik ein neues Regelwerk geben: die Zwölftontechnik. Vereinfacht gesagt, müssen in der Zwölftonmusik alle zwölf Töne einer Tonleiter gleich oft vorkommen. Keine Note darf bevorzugt werden, es darf kein Zentrum geben, um das alles kreist, auf das harmonisch alles zuläuft. ⊙.

Diese Idee war nichts weniger als eine Revolution, denn die Zwölftontechnik stellt alles infrage, was wir musikalisch kennen und lieben. Die erste Komposition, die sich diesem Regelwerk unterwirft, ist vermutlich Schönbergs Serenade op. 24, die zwischen 1920 und 1923 entstand. Vorsicht, jetzt wird es schwierig, aber versuchen Sie sich darauf einzulassen – Sie hören eine Musik ohne Zentrum:

Arnold Schönberg:
Serenade op. 24 (1920-1923) ⊙

Das klingt für die meisten Ohren schon sehr ungewöhnlich. Und daran hat sich bis heute nicht viel geändert. Die Zwölftonmusik hat glühende Fans und empörte Gegner, aber dieser Kampf spielt sich praktisch unter Ausschluss der Öffentlichkeit ab – nur ein sehr kleines Publikum geht in Konzerte dieser sogenannten Neuen Musik ⊙, die zwar weit mehr als die Zwölftonmusik umspannt, aber generell weit entfernt ist von den verbreiteten Hörgewohnheiten. Von der Neuen Musik sind die meisten Leute, die Klassik oder Pop hören, etwa gleich weit weg.[5]

Ist die Zwölftonmusik also nur eine Fingerübung überspannter Akademiker? Nicht ganz. Sie hat nämlich erstaunliche Entwicklungen in der Musik angestoßen: die serielle Musik, die Minimal Music und nicht zuletzt die elektronische Musik. Wer die Traditionen komplett überwinden will, muss – so der Gedanke – auch den Menschen überwinden mit seinen beschränkten Möglichkeiten, Musik zu machen. Die Visionen der Komponistinnen und Komponisten sollen nicht mehr durch die Möglichkeiten der Instrumente und der Menschen, die sie spielen, eingeschränkt sein. Dass man dann die musikalische Idee gleich vom Computer synthetisieren lässt, liegt da fast auf der Hand.

5 Die britische Komponistin Rebecca Saunders erhielt im Januar 2019 den mit 250 000 Euro dotierten Ernst-von-Siemens-Musikpreis, manche nennen ihn auch den »Nobelpreis für Musik«. Ihr Stück *Fury* für Solo-Kontrabass können Sie auf YouTube hören ⊙.

Schönbergs treuherziger Wunsch, man möge seine Melodien »kennen und nachpfeifen«, blieb verständlicherweise unerfüllt. Und heute glaubt man zu wissen, warum – angeblich ist die Zwölftonmusik mit den meisten Gehirnen inkompatibel ⊙. Aber die Idee, Musik zu machen, die nicht mehr von Menschen auf traditionellen Instrumenten gespielt werden muss, war in der Welt – und die heutige Produzenten-Popmusik ist ohne die von der Technik getunten Stimmen der nach Aussehen gecasteten Bands undenkbar: Stimmen aus dem Synthesizer ⊙ als spätes Echo Schönbergs.

So wurden Komponistinnen und Komponisten in den verschiedensten musikalischen Gattungen von der Zwölftonmusik beeinflusst, auch wenn uns freundlicherweise das Ende der tonalen Musik erspart geblieben ist. Statt in einem Regelwerk zur Gleichbehandlung von Tönen suchten die meisten Komponistinnen und Komponisten das Neue anderswo.

Da wäre zum Beispiel Paul Hindemith. Er hat 1922 den *Metal* erfunden. Also vermutlich nicht, aber zumindest klingt der 4. Satz seiner Bratschensonate so. Hindemith kommt aus dem beschaulichen hessischen Hanau, aber das hinderte ihn nicht daran, das Publikum ordentlich vor den Kopf zu stoßen. Die Bezeichnung des Satzes, den wir uns gleich widmen, lautet: »Rasendes Zeitmaß. Tonschönheit ist Nebensache.« Wenn Sie das hören, denken Sie daran: Dieses Stück ist fast hundert Jahre alt.

Paul Hindemith:
Bratschensonate – 4. Satz (1922) ⊙

Ich denke beim Hören der Musik des 20. Jahrhunderts oft: Wow, so früh war das! So ging es mir bei Hindemith, und so ging es mir auch bei dem folgenden Stück des Kanadiers Colin McPhee:

Colin McPhee:
Tabuh-Tabuhan (1936) ⊙

Minimal Music, also Musik, in der nur kleine Dinge passieren, diese aber wieder und wieder und über einen langen Zeitraum, wird heute oft mit Philip Glass in Verbindung gebracht. Aber als McPhee *Tabuh-Tabuhan* geschrieben hat, war Glass nicht mal geboren.

McPhee hat lange auf Bali gelebt und verheimlicht nicht die Quellen seiner Inspiration. Ohne den Einfluss indonesischer, indischer und afrikanischer Musik wäre Minimal Music, wie wir sie heute kennen, kaum denkbar.

Und anstatt hier wieder nur Philip Glass abzufeiern ⊙ (oder sanft zu verspotten) ⊙, möchte ich Ihre Aufmerksamkeit auf den zu Unrecht nicht so bekannten Amerikaner Julius Eastman lenken. Eastman war Afroamerikaner und schwul, lebte in den 1980ern auf der Straße und starb 1990 vereinsamt und völlig unbemerkt von der Musikszene an einem Kreislaufversagen. Da hatte er schon seit Jahren getrunken und zu viele andere Drogen genommen. Er hätte es verdient, für seinen dramatischen Minimalismus noch zu Lebzeiten den Ruhm zu erhalten, der ihm jetzt endlich zuteilwird. Beim Eröffnungskonzert des renommierten Berliner MaerzMusik-Festivals wurde 2018 ausschließlich Eastman gespielt ⊙.

Julius Eastman:
Gay Guerilla (1979) ⊙

Im 20. Jahrhundert erleben wir die Spätausläufer der Romantik (wir erinnern uns, das ist in der Musik die Epoche, die im 19. Jahrhundert vorherrscht) und radikale Erneuerer wie Schönberg praktisch gleichzeitig. Man muss sich nur vor Augen halten, dass das Schönberg-Streichquartett, das wir eben als erstes gehört haben, ein Jahr vor dem folgenden Stück hier uraufgeführt wurde – die Unterschiede könnten kaum größer sein:

Sergei Rachmaninow:
3. Klavierkonzert – 3. Satz (1909) ⊙

Das ist das Ende einer der Top-Edelschmonzetten des Repertoires, Sergei Rachmaninows 3. Klavierkonzert. Bei Schönberg erleben wir den kühnen Versuch, aus den tonalen Traditionen auszubrechen, während fast gleichzeitig Rachmaninow einen hemmungslosen, fast eine Dreiviertelstunde andauernden tonalen Gefühlsausbruch abfeiert, der uns heute noch die Tränen der Rührung in die Augen treibt.[6]

Wir wären aber nicht im postmodernen 20. Jahrhundert, wenn nicht alles ironisch gebrochen würde. Denn mit Zitat und Ironie lässt sich ebenfalls Neues schaffen. So wie in der postmodernen

6 Dieses Klavierkonzert, »Rach 3«, hat nicht zuletzt durch den Kinofilm *Shine* ⊙ weltweite Berühmtheit erlangt und zu dem Mythos des genialen, aber leider irgendwie wahnsinnigen Künstlers beigetragen.

Architektur mittelalterliche Giebel und Türmchen in knallbunten Farben wiederkehren, ist es auch in der Musik. Und so komponierte sechzig Jahre nach Rachmaninow der Finne Einojuhani Rautavaara sein 1. Klavierkonzert – und das klingt zumindest in meinen Ohren wie eine wüste Parodie auf den gerade gehörten typischen Rachmaninow-Sound:

Einojuhani Rautavaara:
1. Klavierkonzert (1969) ⊙

Rautavaara schreibt einige Akkorde, die der Pianist hier mit der rechten Hand anschlägt, gar nicht mehr als einzelne Noten auf, sondern als sogenannte *Cluster* ⊙, also als einen ganzen Haufen eng zusammenliegender Noten: Hau einfach rein!

Im 20. Jahrhundert passieren damit musikalisch die unterschiedlichsten Dinge gleichzeitig. Dafür ein letztes Beispiel: Gloria Coates ist eine in München lebende Amerikanerin, die ihre 7. Sinfonie denen gewidmet hat, »die die Mauer friedlich zu Fall brachten«. Ihre Musik wird manchmal »semitonal« genannt, weil es bei ihr oft um die Töne zwischen den Tönen geht. Die kontinuierliche Veränderung der Tonhöhe nennt man *Glissando*.[7] Und Coates ist eine Meisterin dieser Technik:

7 Der Filmkomponist Hans Zimmer nutzt eine bestimmte Art von endlosem *Glissando* gerne, zum Beispiel im Soundtrack zu dem Film *Dunkirk* – hierzu ein aufschlussreiches Erklärvideo des amerikanischen Online-Magazins Vox ⊙.

Gloria Coates: Symphony No. 7
»Dedicated to those who brought down the Wall in peace« (1989/90) ⊙

Und was ist heute? Wenn das 20. Jahrhundert eine Explosion der Stile und Schulen war, bei der alles scheinbar sauber Getrennte, die sogenannte Ernste und die Unterhaltungsmusik miteinander vermischt wurden, stehen wir heute staunend im Konfettiregen. Das 21. Jahrhundert beginnt mit eklektischer Musik, die sich nicht mehr in Schubladen stecken lässt. Jetzt ist wirklich alles erlaubt.

Die britisch-bulgarische Komponistin Dobrinka Tabakova verkörpert diese Entwicklung. Ihre Komposition *Insight* für Streichtrio von 2002 können Sie gleich hören. Auch sie steht in einer Tradition, nicht zuletzt die Besetzung ist klassisch: Geige, Bratsche, Cello. Und was Tabakova daraus macht, ist zwar eindeutig tonal, aber dennoch neu:

Dobrinka Tabakova:
Insight (2002) ⊙

Zum Schluss noch einmal typisch postmoderne, frühere Zeiten zitierende und verfremdende Musik: Die Stücke des dänischen Komponisten Bent Sørensen klingen, als wehten Fetzen des 19. Jahrhunderts herüber. Wie Gloria Coates interessiert sich Sørensen für die Töne zwischen den Tönen, die sogenannten Mikrointervalle:

Bent Sørensen:
Papillons (2004) ⊙

Die Komponistinnen und Komponisten von heute sind also immer noch auf der Suche nach dem Neuen, aber sie suchen es nicht mehr in strengen Kompositionsregeln, sondern – im wahrsten Sinne des Wortes – in den Zwischentönen.

ZWISCHENSPIEL: MASSGEBLICHE GEFÜHLE

Wenn ich klassische Musik zusammen mit Menschen erlebe, die sie sonst nie hören, habe ich oft ein unangenehmes Problem. Ich möchte so gern, dass sie fühlen, was ich fühle, aber häufig tun sie es nicht. Natürlich kann ich nicht wissen, ob jemand das Gleiche fühlt wie ich. Was ich aber weiß, ist: Wenn die andere Person nichts Besonderes empfindet, kann sie davon verlässlich berichten: *Ich fühle nichts.*

Warum ist es mir so wichtig, dass nahestehende Menschen meine Empfindungen beim Hören von (klassischer) Musik teilen? Warum soll ausgerechnet mein Gefühl maßgeblich sein und die Abwesenheit eines ebensolchen Gefühls eine beklagenswerte Abweichung?

Das Wissen um das Gewicht dieser Gefühle ist wiederum auch eher Gefühl als Wissen. Wenn es heißt »*feelings never lie*«, geht es doch um die subjektiv empfundene Intensität des Gefühls: Ja, man empfindet es wirklich, das Gefühl selbst lügt nicht. Und was ist ein Gefühl anderes als eine innere Wahrheit? Vielleicht sind es genau diese inneren Wahrheiten, die man mit seinen Liebsten teilen möchte, eben *weil* man nicht genau wissen kann, ob, was und wie die andere Seite empfindet. Man möchte das *Gefühl* haben, dass die andere Person so fühlt wie man selbst. Das Kunstwerk, das mich mit dem anderen verbindet, soll der Garant für die als geteilt empfundene Empfindung sein; wir treffen uns in der Musik. Der Spruch heißt nicht *indifference never lies.*

Eine Musik, in der ich getroffen werden möchte, ist der 3. Satz von Sergei Rachmaninows einziger Sonate für Klavier und Cello. In dieser Musik geht es meiner Meinung nach, nein: meinem *Gefühl* nach, um die Maßgeblichkeit von Gefühlen. Es geht um die Hoffnung, das Gegenüber könnte genauso empfinden wie man selbst.

Das Stück beginnt nach einem Auftakt mit der Note b. Sie wird vom Klavier gleich *viermal* gespielt (im Video unten bei 2:51). Das ist wichtig, darum geht es hier: viermal b. Bei 3:04 passiert es noch einmal: Das Klavier spielt viermal b. Bei 3:41 setzt das Cello ein, und es wird nicht überraschen, dass die ersten Noten erneut vier b sind. Bereits bei 3:52 wiederholt das Cello die vier b. (Das Thema mit den vier b enthält noch ein paar weitere Noten, aber das soll uns hier nicht stören.)

Es ist ein typisch romantischer Ausdruck: kein kompliziertes Thema, sondern eine schlichte, aber dringliche Geste, hier reduziert auf viermal denselben Ton. Diese Töne sind aber nicht einfallslos oder langweilig, denn sie werden durch die Harmonien des jeweils anderen Instruments dramatisiert. Zusammen ergibt sich erst der starke emotionale Gehalt dieser Musik.

Bei 5:45 wiederholt das Klavier wieder einmal die vier b, aber eine Oktave höher. Bei 6:16 geschieht etwas Wunderbares: Das Cello spielt das vermaledeite b rund zwanzigmal (!), und das Klavier sucht parallel dazu die richtige Harmonie, drei Akkorde lang geht es daneben, der vierte passt dann.

Dieses wortwörtliche Ringen um Harmonie zwischen zwei Stimmen, das ist für mich eine Metapher für eine gelingende Beziehung. Vier gleiche Töne – was ist das schon? Vier gleiche Töne, aus denen das andere Instrument verzweifelt und schließlich erfolgreich versucht, etwas zu machen – das ist Liebe.

Ab 7:36 arbeitet sich die Musik ihrem Höhepunkt entgegen, und ab 8:20 klingt der Satz langsam aus, aber nicht ohne bei 8:34 das Cello die vier b erneut wiederholen zu lassen, diesmal ebenfalls eine Oktave höher als zu Beginn. Als wollte es zum Klavier, das die gleiche Geste schon hinter sich hat, sagen: Ich habe verstanden.

Was meine Lieblingsaufnahme dieser Rachmaninow-Sonate angeht, bin ich befangen. Es ist die mit meinem Vater am Cello und Elena Smolanskaya am Klavier. Hören Sie sich den 3. Satz an. Die Leute klatschen am Ende des Satzes im Video, obwohl es eigentlich noch einen 4. gibt, der aber bei diesem Konzert nicht gespielt wurde; er ist halt auch nicht so fantastisch wie der 3. Viel Freude mit der Musik! Ich hoffe, Sie fühlen es auch:

Sergei Rachmaninow:
Sonate in g-Moll op. 19 (2. Satz) ⊙

6

DIE EINSAMKEIT DER HARFENISTIN

Ich bin ein Harfensohn. Meine Mutter ist Harfenistin. Auch ihre Mutter war Harfenistin. Und das geht an den Kindern nicht spurlos vorbei.

Vor vierzig Jahren haben meine Eltern sich kennengelernt – im Sinfonieorchester des Hessischen Rundfunks. Sie leben aber bis heute nicht zusammen. Mein Vater ist nämlich Cellist. Wenn man beruflich ein Instrument spielt, muss man jeden Tag zu Hause üben – und da das in einer normalen Wohnung wegen der Lautstärke nicht gleichzeitig geht, bewohnen meine Eltern zwei Wohnungen. Man kann also sagen, die Berufswahl meiner Eltern hatte weitreichende Konsequenzen. In der Harfenwohnung, in der ich aufwuchs, hörte ich bei den Hausaufgaben, wie meine Mutter zwei Zimmer weiter Marcel Tourniers *Quelle im Walde* übte. Ich kenne heute noch jeden Ton dieses Stücks:

Marcel Tournier:
Vers La Source Dans Le Bois (1922) ⊙

Als Teenager habe ich mich dann darüber geärgert, dass unsere Familie nicht in exotische Länder in Urlaub geflogen ist, weil sich meine Eltern so einen extravaganten – und teuren! – Alltag ausgesucht haben. Heute denke ich anders darüber. Dass sie sich auch mal aus dem Weg gehen konnten, trug sicher dazu bei, dass meine Eltern immer noch zusammen sind.

In diesem Kapitel erfahren Sie vieles über das wunderbarste und wahrscheinlich umständlichste Instrument im klassischen Orchester. Zum Beispiel warum Harfenisten es hassen, unter rotem Scheinwerferlicht zu spielen, was das Geheimnis des Salzedo-Zeichens ist, was mit einem »hellen Darmklang« gemeint ist und was die sehr speziellen Sorgen und Nöte von Harfenistinnen (und Harfenisten!) sind. Und was es bedeutet, neue Saiten aufzuziehen. Siebenundvierzig neue Saiten.

Im ersten Kapitel dieser Einführung in die Welt der klassischen Musik habe ich erzählt, dass meine Eltern oft völlig erschöpft nach Hause kamen, weil das Orchester über Monate hinweg alle zehn Mahler-Sinfonien auf CD aufnahm. Mahlers Musik ist sehr intensiv und lässt einen alle Aufs und Abs menschlicher Empfindungen spüren. Gefühle und Stimmungen wechseln dabei oft abrupt – wie im echten Leben. Es gibt aber auch bei Mahler immer mal wieder ein paar Minuten von – wenn auch bittersüßer – Friedlichkeit. Und das ist der große Moment der Harfe.

Es geht um den ergreifenden, langsamen Satz aus Mahlers 5. Sinfonie. Dieses »Adagietto« (also »kleines, langsames Stück«) belegt einen der vorderen Plätze in den Charts der herzzerreißendsten Musik aller Zeiten. Die Blechbläser, die Holzbläser, das Schlagzeug – sie alle haben einen ganzen Satz lang Pause, während die Harfe zart und einsam über den wehmütigen Streichern schwebt. Wenn Sie dieses bittersüße Stück Musik nicht berührt, horchen Sie noch mal in sich rein:

Gustav Mahler:
5. Sinfonie – Adagietto (1904) ⊙

Wenn ein klassisches Konzert ein Gericht wäre, wäre die Harfe ein Gewürz. So erklärt es die Harfenistin der Berliner Philharmoniker, Marie-Pierre Langlamet ⊙. Auch deshalb will jede Harfenistin irgendwann einmal Mahlers Fünfte spielen, bei der die Harfe plötzlich die wichtigste Zutat ist. Aber bis dahin ist es ein weiter Weg, der meist in frühester Kindheit anfängt.

Musikprofis haben ihre Berufswahl so gut wie nie allein getroffen. Meist sind es Eltern oder Lehrende, die das Talent der Kinder entdecken und fördern und so bestimmen, ob man professionell ein Instrument spielen oder singen lernt. Und dann muss sich eine Familie solche Ambitionen leisten können: Ohne eine eigene Harfe wird das tägliche Üben schwierig, und Harfen sind teuer.

In Österreich und Süddeutschland sieht es in dieser Hinsicht besser aus als im Norden. Durch die Tradition der Stubenmusik kommen mehr junge Leute früher mit Instrumenten wie der Harfe oder der Zither in Kontakt – und das nicht nur in den sogenannten besseren Kreisen oder im Konzertsaal, sondern im Wirtshaus, wo zur Musik gegessen und getrunken wird. Viele Profis hören staunend diesen Laien zu, die auswendig und mit größter Einfühlung in ihre Mitspielenden musizieren:

Die Solberger Stubenmusik:
Jodler-Polka ⊙

Professionell ein Instrument zu spielen, ist ähnlich wie Leistungsturnen. Und bei der Harfe ist es so, als ob man zusätzlich sein eigenes Reck mitbringt.

Die moderne Konzertharfe ist nämlich kein Leichtgewicht. Sie wiegt bis zu fünfzig Kilo und ist bis zu einem Meter neunzig hoch.

Sie ist aber kein Konzertflügel, keine Pauke und keine Orgel. Man kann sie also irgendwie selbst transportieren. Dazu kursieren in der Harfenszene Listen mit Autos, in die eine Harfe passt (Passat und Mercedes C-Klasse Kombi, Fiesta nur, wenn man auf alle Passagiere verzichtet).

Einen Großteil meiner Jugend habe ich damit verbracht, die Harfe meiner Mutter zu tragen. Wir trugen das Instrument in Konzertsäle, Schlösser und Kirchen. Damals brauchte es für einen Harfentransport zwei Personen. Meine Mutter nahm den Hals unter den Arm, ich griff hinten in den Fuß. Hals, Fuß? Vielleicht sollten wir erst mal klären, woraus eine Harfe besteht.

Es gibt Harfen mindestens seit 3000 v. Chr., aber die moderne Konzertharfe erst seit dem 19. Jahrhundert. Sie hat siebenundvierzig Saiten, die zwischen Hals und Resonanzdecke gespannt werden. Diese beiden wiederum sind verbunden durch die Säule, die oft prächtig verziert ist. Damit funktioniert die Harfe wie ein hochkant gestellter Flügel, in dem ja auch schwingende Saiten den Ton erzeugen. Bei der Harfe wird die Saite jedoch direkt gezupft und nicht wie beim Flügel mit einem Hämmerchen angeschlagen.

Aber jetzt kommt eine Überraschung: Die Konzertharfe hat Pedale. Und sogar sieben Stück! Mit ihnen kann die Tonhöhe der Saiten verstellt werden. Wo ein Klavier zwölf Tasten pro Oktave hat, gibt es bei der Harfe nur sieben Saiten – den Rest erledigt man mit den Pedalen. Tritt man zum Beispiel das C-Pedal, verwandeln sich alle C-Saiten in Cis-Saiten, sie sind dann also einen Halbton höher. Das Gleiche kann man mit allen anderen Saiten machen und damit die Wunschtonart vorkonfigurieren.

Es wird aber noch wilder: Jedes Pedal lässt sich nicht nur treten (wo es dann einrastet), sondern auch eine Etage weiter oben einrasten. So wird die Saite um einen Halbton erniedrigt. Es ist völlig irre: Tritt man das C-Pedal hinunter, werden aus allen C-Saiten

Cis-Saiten. Hebt man das D-Pedal nach oben, werden aus allen D-Saiten Des-Saiten. Cis und Des klingen genau gleich, also hat man dann zwei gleich klingende Saiten nebeneinander. (Versuchen Sie das mal mit einem Klavier!)

Warum aber sollte man das tun? Ein Grund dafür liegt darin, dass eine gezupfte Harfensaite sehr lange nachklingt, wenn man sie nicht abdämpft. Will man sie unmittelbar danach erneut anschlagen, müsste man sie vorher mit dem Handballen abdämpfen. Dafür ist aber manchmal keine Zeit. Wenn man nun zwei nebeneinander liegende Saiten gleich einstellt, kann man schnell aufeinander folgend gleich klingende Töne anschlagen. Und wir wären nicht in der Welt der klassischen Musik, wenn es nicht einen spektakulären italienischen Namen für alles gäbe: das *enharmonische Bisbigliando.*

Enharmonisches
Bisbigliando ⊙

Eine Harfe ist randvoll mit verborgener Technik. Ein großer Teil der mehreren tausend Einzelteile versteckt sich in der Säule. Die Pedale bewegen nämlich ein Gestänge, das durch die Säule nach oben zu siebenundvierzig kleinen Scheiben führt. Diese Scheiben haben je zwei Stifte, die die Saite je nach Pedalstellung weiter oben oder weiter unten abdrücken. So wird ihr Klang entweder um einen Halbton tiefer oder höher. Die Arbeit, die man an der Gitarre mit der Greifhand macht, also das Abdrücken der Saiten, erledigt man bei der Harfe mit den Pedalen.

Achten Sie in dem folgenden Video auf das Innenleben der Harfe am oberen Ende der Saiten. Dort kann man den irrsinnigen mechanischen Aufwand erahnen:

Lavinia Meijer spielt Philip Glass:
Metamorphosis Two (1989) ⊙

Wer sich zum ersten Mal an eine Harfe setzt, will fast automatisch einmal über alle Saiten streichen. Dieses sogenannte *Glissando* ⊙ ist fast schon ein Klischee. Sieht man Harfenistinnen im Film, spielen sie ständig mit großer Geste Glissandi. Das sieht gut aus, tut aber höllisch weh, wenn man das richtig laut macht – und das muss man, wenn man im Orchester spielt.

Noch ein Harfentrick: Bei den *Flageolett*-Tönen ⊙ drückt man eine Saite auf halber Höhe mit dem Zeigefinger ab, zupft dann den oberen Teil der Saite mit dem Daumen und zieht fast gleichzeitig den Zeigefinger weg: So entsteht ein doppelt so hoher, gedämpfter Ton.

In der Filmmusik kommt das Flageolett zum Beispiel in Alexandre Desplats Musik zu dem Film *Philomena* zum Einsatz. Das kurze, zarte Stück beginnt mit einem langsamen Glissando, es folgen Flageolett-Töne (ab Minute 0:28), und zum Schluss gibt es normales Zupfen (ab 1:39).

Alexandre Desplat:
No Thought of Ireland (aus: *Philomena*)
(2014) ⊙

Eine meiner ersten Kindheitserinnerungen ist: Saiten sortieren. Wer Harfe spielt, trägt immer auch einen Saitenkoffer mit sich herum. Meine Aufgabe als Neunjähriger war die Inventur. Jede Saite ist verschieden und keine durfte fehlen, keine der störrischen Stahlsaiten für die Basstöne und keine der feineren Saiten aus

Schafsdarm, die verschiedenfarbig kodiert sind. Das C zum Beispiel ist immer rot. Und deshalb ist es verhasst, in rotem Scheinwerferlicht Harfe spielen zu müssen – dann sehen nämlich alle Saiten aus wie das C.

Wegen der hohen Spannung ist das Zupfen einer Harfensaite echte Arbeit und führt zu Hornhaut an den Fingern. Gegen wunde Finger nimmt man Hirschtalg aus der Apotheke. Ebenso braucht man ein Stimmgerät mit einem Tonabnehmer, der ähnlich einem Stethoskop mit einem Saugnapf auf der Resonanzdecke der Harfe befestigt wird. Damit er nur den Ton der Harfe aufnimmt und nicht den der Posaunen und Trompeten, die manchmal direkt neben der Harfe sitzen. Dann heißt es: siebenundvierzig Saiten stimmen. Jede Saite muss ein paar Mal angeschlagen und, wenn nötig, mit einem Stimmschlüssel nachjustiert werden. Aus diesem Grund ist die Harfe bei Probe und Konzert immer als Erste da.

Wer Harfe spielt, muss also nicht nur schwer tragen, einen Apparat an Ersatzteilen und Werkzeug mit sich herumschleppen und vor allen anderen auf der Bühne sein; er oder sie hat noch ein ganz anderes Problem, das man aus der Informatik kennt. Das ist das nerdigste Harfengeheimnis: Die Harfe ist nicht *stateless*. Wenn Sie sich an ein Klavier setzen oder eine Geige in die Hand nehmen, ist das Instrument immer im gleichen Zustand. Die Harfe aber kann aufgrund der Pedalstellungen in allen möglichen Zuständen sein. Sie wissen nicht, welchen Ton eine Saite hervorbringen wird, wenn Sie nicht jederzeit den Status aller sieben Pedale kennen. Welche stehen oben, welche in der Mitte, welche unten?

Wenn man nun Harfe bei einem langen sinfonischen Werk spielt, mit vielen Wechseln der Tonarten, muss man ständig Pedale treten, um die Saiten entsprechend zu konfigurieren. Spielt man ein Stück von Anfang bis zum Ende durch, ist das kein Problem. Aber bei Proben ist das anders.

Eine siebzigminütige Mahler-Sinfonie wird vor der Aufführung nur ein einziges Mal komplett am Stück durchgespielt: bei der Generalprobe, der letzten Probe vor dem Konzert. Bei den Proben davor werden nur besonders heikle Stellen geprobt. Der Dirigent springt mit dem Orchester quer durch das gesamte Werk, von schwieriger Stelle zu schwieriger Stelle. In den Noten stehen dafür meist Buchstaben, so dass der Dirigent sagen kann, jetzt bitte zwölf Takte nach Buchstabe F. Dann blättern alle hundert Orchestermitglieder hektisch zu F, und in wenigen Sekunden müssen alle exakt dort einsetzen können.

Die Person an der Harfe aber hat wahrscheinlich völlig falsch konfigurierte Pedale, um sofort korrekt bei den zwölf Takten nach Buchstabe F einzusetzen. Wie soll sie wissen, wie die Pedale exakt an dieser Position stehen sollen? Die Tonart allein reicht nicht, um das zu wissen. Um diesem Problem zu entgehen, hat der französische Harfenist Carlos Salzedo das nach ihm benannte Zeichen erfunden.

Es zeigt, wie die Harfenpedale zu einem bestimmten Zeitpunkt stehen müssen. Harfenistinnen und Harfenisten zeichnen sich Salzedo-Zeichen an bestimmte Stellen in die Notenblätter, vor allem an den Stellen, die vermutlich in den Orchesterproben drankommen. Es dauert nur ein paar Sekunden, die Pedale richtig einzustellen, aber da es sieben Pedale mit drei Stellungen gibt, sind Hunderte Kombinationen möglich. Niemand, der nicht Harfe spielt, kennt das Salzedo-Zeichen – außer Ihnen.

Meine Mutter ist vor über zwanzig Jahren in den Ruhestand gegangen. In der Zwischenzeit sind viele Dinge im Harfen-Universum einfacher geworden. Heute werden öfter Saiten aus Nylon oder Kohlefaser statt aus Schafsdarm verwendet. Sie reißen seltener und verstimmen sich bei Wetterwechseln nicht so schnell. Dafür klingen sie nicht in jeder Tonhöhe so gut. Es fehlt ihnen das, was Profis den »hellen Darmklang« nennen. Darmsaiten fühlen sich für manche Harfenistinnen und Harfenisten besser an, und sie können mehr Kraft auf sie ausüben. Spielt man in einem Orchester, muss man sich körperlich ziemlich ins Zeug legen, um akustisch nicht unterzugehen. Kräftig an Darmsaiten zu zupfen, ist angenehmer für die Finger, weil Darm nicht so straff ist wie Nylon.

Und heute kann man das Instrument auch ohne Hilfe transportieren – mit einem speziellen Harfenwagen, zum Beispiel dem Modell »Harpo« für läppische 639 Euro. Harpo gibt es auf Wunsch auch, kein Witz, mit Scheibenbremsen (160 Euro Aufpreis).

Ich habe es Ihnen weiter oben bereits erzählt: Schon die Mutter meiner Mutter war Harfenistin. Auch sie spielte im Orchester des Hessischen Rundfunks (HR). Ich habe meine Oma nicht mehr kennengelernt, aber es gibt Schallplattenaufnahmen von ihr. Auf einem der Alben prangt stolz das Telefunken-Logo, das war 1953. Es war eine ganz andere Zeit, aber immerhin eine, in der im HR Frauen im Orchester saßen. Das war bei den sehr konservativen Wiener Philharmonikern erst 1997 der Fall. Dort spielten bis dahin ausschließlich Männer – auch die Harfe. Heute jedoch erwarten die meisten Menschen an dem »Instrument der Engel« eine Frau.

Ein Sinfonieorchester ist eine merkwürdige, oft gestrige Welt. Und für die Person an der Harfe, egal welchen Geschlechts, ist sie besonders schwierig. Denn die Harfe ist meist allein im Orchester (außer bei den wenigen Orchesterwerken mit zwei Harfen). Während praktisch alle Orchesterangehörigen organisiert sind (die Streichergruppe, das Blech, das Schlagwerk), ist die Harfenistin allein. Sie hat keine Lobby, ist in Fernsehmitschnitten oft kaum zu sehen und muss bei CD-Aufnahmen die Aufnahmeleitung persönlich um eine Abmischung bitten, bei der man die Harfe hört.

Wer Harfe spielt, hat also viele Probleme, aber, zumindest im Orchester, auch ein paar Vorteile. Wenn Mozart auf dem Programm steht, hat man frei. Während mein Vater als Cellist immer im Dienst war, gibt es Komponisten, die die Harfe mehr oder weniger ignoriert haben. Mozart schrieb nur ein Werk mit Harfe, sein Konzert für Flöte und Harfe. Es ist schwer zu spielen, weil Mozart keine Ahnung von der Harfe hatte.

Mozart machte keinen Gebrauch von harfenspezifischen Features wie Glissando oder Flageolett. Er komponierte für die Harfe, als wäre sie ein Klavier. Und selbst in dem Fernsehmitschnitt des Mozart-Konzerts, mit dem dieses Kapitel endet, dauert es mehrere Minuten, bis sich die Regie dazu herablässt, die Harfenistin Marie-Pierre Langlamet in Großaufnahme zu zeigen. All das ändert nichts an der umwerfenden Schönheit des Stücks. Vielleicht schließt man am besten die Augen.

Die Umstände, unter denen die Harfenistin arbeitet, könnten widriger nicht sein. Das Publikum bekommt von alledem nichts mit. Ich aber schon, der ich heute noch besonders nervös im Konzertsaal sitze, wenn ich weiß, dass gleich die Harfe ihren Einsatz hat. Ich bin eben ein Harfensohn.

Mozart:
Konzert für Flöte und Harfe
(2. Satz) (1778) ⊙

Harfenmusik aus drei Jahrhunderten:

Georg Friedrich Händel:
Harfenkonzert in B-Dur (1736) ⊙

Carl Reinecke:
Harfenkonzert in a-Moll – 2. Satz (1884) ⊙

Arnold Bax:
Fantasiesonate für Harfe und Bratsche (1927) ⊙

Arvo Pärt:
Festina Lente für Harfe und Streichorchester (1988/1990) ⊙

Wenn Sie mehr über die Harfe wissen wollen:

BBC-Dokumentarfilm:
The Harp (englisch) ⊙

ZWISCHENSPIEL:
DIE LIEBLICHE GEGENWART

Als ich im Frühling 2015 für einige Jahre in die USA zog, stand ich noch unter dem Eindruck der überraschenden Hinfälligkeit meines Körpers. Ich hatte wenige Wochen vor dem Abflug Bauchschmerzen bekommen. Erst schenkte ich ihnen keine besondere Aufmerksamkeit, aber sie blieben konstant, an derselben Stelle, mehrere Tage lang, bis ich dann doch zum Hausarzt ging.

Dr. J. sagte, sein Ultraschallgerät zeige ihm nichts Auffälliges in meinem Abdomen, aber sein Ultraschallgerät sei auch sehr alt. Er drückte auf meinem Bauch herum und meinte dann, jetzt müsste eigentlich alle Luft raus sein, aber wenn es immer noch weh tue (und das tat es), dann »nehmen Sie sich jetzt ein Taxi und fahren ins Krankenhaus. Warten Sie nicht noch zwei Stunden«.

Solche Anweisungen befolgt man auf Autopilot. Nicht *zwei* Stunden warten, das ist *oddly specific* und dadurch so unabweisbar besorgniserregend – was wäre denn in *drei*?

Das Krankenhaus war keine zehn Minuten weg. Dort schob man mich in ein hochmodernes Ultraschallgerät. Der Arzt sagte: »Oh. Dann ziehen wir Sie jetzt mal vor.« Ich hatte bereits die Betäubungstablette im Mund, als ich noch irgendwas unterschrieb, und eine Stunde später war ich, durch drei endoskopische Löcher in meinem Unterbauch, meinen akut entzündeten Blinddarm los. Eine Stunde später und es wäre sehr gefährlich geworden.

Als ich ein paar Wochen später wieder fliegen durfte, wurde mein Flug wegen eines Streiks bei Air France abgesagt. In einem weiteren Anlauf schaffte ich es dann immerhin bis nach Boston, aber aufgrund eines Schneesturms saß ich dann dort bei minus zwanzig Grad unter meterhoher Schneedecke fest und konnte die letzte Etappe nach Providence, Rhode Island, dem Ziel meiner Reise, erst am nächsten Tag antreten. Die Nacht verbrachte ich in einem Hotel, dessen Heizung ihre liebe Mühe hatte mit dem eisigen Chaos, das Neuengland da draußen am Zusammenstöbern war.

Die äußerlichen Umstände waren also nur unwesentlich besser als meine inneren, denn ich wusste ja jetzt, dass es offenbar möglich war, innerhalb weniger Tage von recht gesund zu mausetot zu avancieren, einfach so. Es fühlte sich nicht gut an.

Ein paar Monate später, die Sorge um die inneren Organe war verebbt, die Schneeberge in den pittoresken Straßen Rhode Islands geschmolzen, machten wir uns auf den Weg nach Buzzards Bay, einer fünfundvierzig Kilometer langen Bucht in Massachusetts. Wir tranken eine sehr süße Gurkenlimo, aßen Pizza und spazierten den Sandstrand entlang, an dem vereinzelte, aber umso prächtigere Anwesen wie große, träge Tiere herumlungerten. Vielleicht gingen wir auch kurz ins Wasser. Es war *in the low eighties*, also so um die 28 Grad. Es war das beste Wetter, nichts tat mir weh, die Pizza war super, sogar die sehr süße Gurkenlimo war es. In der Ferne, auf der anderen Seite der Bucht, stand irgendwo das Institut für Meeresbiologie, aufgrund dessen wir überhaupt in der Gegend waren. Aber das war nur Arbeit und die konnte noch ein paar Tage warten.

Als wir wieder ins Auto stiegen und auf dem heißen Asphalt an dem kleinen Imbiss mit den frittierten *Littleneck*-Muscheln vorbeifuhren, lief auf dem lokalen Klassiksender eine Musik von leuchtender, schwelgerischer Schlichtheit und für ein paar Minuten gab es keine Kritik, keine Fragen, keine Angst, keinen Schmerz, kein Gestern und kein Morgen, es gab nur liebliche Gegenwart.

Die Musik war der zweite Satz aus Randall Thompsons zweiter Sinfonie von 1931. Es ist keine Filmmusik, es sei denn natürlich, Ihr Leben ist ein Film. Hören Sie es sich an:

Randall Thompson:
Sinfonie Nr. 2, 2. Satz (1931) ⊙

7

EINE GANZ KURZE GESCHICHTE DER FILMMUSIK

Picasso soll gesagt haben: Gute Künstler kopieren, große Künstler stehlen. Auch in der Filmmusik sind die Grenzen zwischen guten und großen Künstlern fließend, aber wirklich originelle Filmmusik ist selten. Die beliebtesten Soundtracks haben so offensichtliche Vorbilder in der sinfonischen Musik, dass ein bisschen Kenntnis der Materie häufig zum Anlegen der Ohren führt. Besonders im Science-Fiction-Genre.

So hat zum Beispiel Überbösewicht Darth Vader aus *Star Wars* sein eigenes Thema: den von John Williams komponierten *Imperial March* ⊙. Die Idee, Figuren oder Situationen bestimmte musikalische Gebilde zuzuordnen, gab es schon lange vor Williams. Richard Wagner gilt als Meister dieser »Leitmotiv«-Technik. So gehört zu Siegfried aus dem *Ring des Nibelungen* ein aus neunzehn Noten bestehendes »Heldenmotiv«, das Sie sich hier ⊙ anhören können.

Leitmotive zu benutzen ist das eine, sich ganze musikalische Ideen auszuleihen, das andere. Der *Imperial March* klingt nämlich verdammt nach dem Mars aus Gustav Holsts Orchestersuite *Die Planeten*.[8] Die vierundsechzig Jahre vor dem *Imperial March* uraufgeführt wurde:

8 Eine Suite ist eine Abfolge mehrerer Instrumentalstücke ohne längere Pausen.

Gustav Holst:
Mars aus *Die Planeten* (1914-1916) ⊙

Holst interessierte sich mehr für Mythologie als für Astronomie, so klingt Mars auch eher nach dem Kriegsgott als dem staubigen Planeten. (Wie ein Planet klingen könnte, dazu gleich mehr.) Aber was soll's, die *Planeten* hatten enormen Einfluss auf die Entwicklung der Filmmusik. Hören Sie sich mal die anderen Sätze an – vieles klingt sehr filmisch.

Im Weltraum herrschen klare Fronten: Wer nicht Team *Star Wars* ist, ist Team *Star Trek*. In der Welt des Raumschiffs Enterprise geht es allerdings musikalisch nicht viel origineller zu. Hier der Anfang der Titelmusik zu *Raumschiff Enterprise: Das nächste Jahrhundert*:

Alexander Courage & Jerry Goldsmith:
Star Trek: The Next Generation Main Title (1994) ⊙

Und jetzt die ersten paar Takte von Gustav Mahlers erster Sinfonie:

Gustav Mahler:
1. Sinfonie, 1. Satz (1889) ⊙

Das erste Intervall, also der Abstand zwischen zwei Tönen, in beiden Stücken ist gleich: eine abfallende Quarte. Jetzt können Sie natürlich achselzuckend sagen: Zwei Töne, was ist das schon?

Mahler schrieb über diese zwei Töne einen Hinweis in die Partitur: »Wie ein Naturlaut.« Er bezieht sich damit auf eine Idee aus dem antiken Griechenland: Der Philosoph Pythagoras (oder seine Anhänger, man weiß es nicht genau) ging davon aus, dass die Himmelskörper auf unsichtbaren Kugeln (»Sphären«) montiert sind, die bei ihrer Bewegung im All Töne von sich geben, einen für menschliche Ohren unhörbaren harmonischen Zusammenklang (der auf Griechisch bezeichnenderweise »symphōnía« heißt). Das All hat also einen Klang.

Dass der Kosmos von *Star Trek* und Mahlers sinfonisches Universum mit dem gleichen Intervall beginnen, ist kein Zufall. Wenn man die ersten Töne seiner 1. Sinfonie komponiert und mit dem Selbstbewusstsein eines Gustav Mahler gesegnet ist, dann macht man es nicht unter der Entstehung des Kosmos. Mahler wusste, als er sich an seine 1. Sinfonie setzte: Die Arbeit, die ich hier anfange, wird mich am Ende umbringen. Einige der größten Komponisten überlebten die Komposition ihrer 10. Sinfonie nämlich nicht, darunter der von Mahler verehrte Beethoven. Seine Zehnte blieb unvollendet – und Mahler sollte seine auch nicht überleben. Mehr als neun Sinfonien sind nicht zu schaffen. Schon gar nicht, wenn sie solche Ausmaße haben wie die von Mahler. (Seine 8. Sinfonie, die *Sinfonie der Tausend*, die er als Liebeserklärung an seine Frau Alma schrieb, verlangt neben dem Orchester nach zwei großen gemischten Chören, einem Knabenchor, elf Gesangssolisten, sechs Harfen, einem Klavier, einer Orgel und einem separat platzierten Fernorchester aus vier Trompeten und drei Posaunen.)[9]

Wer also in diesem Wissen seine erste Sinfonie beginnt, für den ist der Anfang nicht nur eine Abfolge irgendwelcher zwei

9 Zudem wusste Mahler, dass er wahrscheinlich der Letzte seiner Art war. Die Idee der klassischen, tonalen Sinfonie war bereits in Auflösung begriffen, und Mahler selbst hat an dieser Auflösung mitgearbeitet: Viele der eisernen Regeln der Sinfonie warf er über Bord. Es war nicht klar, was danach kommt, nur dass es etwas ganz anderes sein würde.

Töne. Aus Millionen Möglichkeiten, eine Sinfonie zu beginnen, hat Mahler diese zwei Töne ausgewählt.

Und jetzt Achtung, wir überspringen die in Deutschland schwer bewachte Grenze zwischen Hoch- und Unterhaltungskultur: Womit beginnt man eine im Weltall angesiedelte Erzählung, die von den Abenteuern einer Raumschiff-Crew handelt, die dorthin fliegt, »wo nie ein Mensch zuvor gewesen ist«? Womit würde man eine Geschichte kosmischen Ausmaßes beginnen, die an ihrem Ende nichts weniger als die gesamte Entstehung des menschlichen Lebens aufs Spiel setzt (hier ⊙ eine Zusammenfassung der letzten Doppelfolge). Womit würde man so eine Geschichte beginnen, wenn nicht mit einem solchen Intervall? Es geht um nichts weniger als alles.[10]

Erstaunlicherweise werden diese allergrößten Geschichten, selbst wenn sie hundert Jahre in der Zukunft spielen, mit Musik befeuert, die hundert Jahre alt ist. Die Musikwissenschaftlerin Alessa Harden schreibt ⊙ in ihrer Analyse der Musik zu *Star Trek*: »Die Zukunft scheint mit einem positiven Bild verknüpft zu sein und ist musikalisch fast identisch mit der Vergangenheit.« Filmmusik klingt tatsächlich fast immer spätromantisch, also nach der europäischen Orchestermusik am Ende des 19. Jahrhunderts. Aber warum?

Es hat vermutlich mit einer Reihe zusammenfallender historischer Ereignisse zu tun: Während die Filmprojektoren um 1900 herum noch so laut waren, dass sie von Livemusik im Vorführraum übertönt werden mussten, begann Mitte der 1920er Jahre der Siegeszug des Tonfilms. Die Musik wurde dann immer weni-

10 Falls Sie immer noch nicht davon überzeugt sind, dass ein Intervall schon eine ganze Welt ist, hören Sie sich doch mal die Titelmusik von *Der weiße Hai* (1975) an ⊙.

ger live in den Kinos gespielt, sondern von den Filmstudios produziert. Das passierte meist an der US-Westküste, wohin jüdische Komponisten aus Europa vor den Nazis geflüchtet waren. Während also in Europa die Nazis wüteten, hielten sich die Exilanten in den USA mit schönen Melodien für Hollywood über Wasser.

Noch vor der NS-Herrschaft gab es in Europa aber Versuche, die uralten Regeln dafür, wie europäische Musik gebaut wird, über den Haufen zu werden. Ich habe Arnold Schönbergs Zwölftonmusik bereits erwähnt. Da diese nicht die erwartete Harmonie bietet und damit für die meisten Menschen völlig unverständlich ist, konnte sie nicht die Funktion der Filmmusik erfüllen: Gefühle hervorzurufen oder zu verstärken. (Es versteht sich von selbst, dass diese intellektuelle Musik von den Nazis als »entartet« diffamiert wurde und auch Schönberg wenigstens eine Zeit in den USA leben musste.)

In den USA ging es erst mal hauptsächlich melodisch weiter, während man in Deutschland große Zweifel hatte, ob es nach dem Holocaust ein ästhetisches »Weiter so« geben konnte. Von Theodor W. Adorno stammt der Satz: »Nach Auschwitz ein Gedicht zu schreiben, ist barbarisch.« Und auch wenn er den Satz später relativierte, blieb eine furchtbare Tatsache: Offenbar konnten alle schönen Künste die Katastrophe nicht verhindern. Das Volk der Dichter und Denker, das Volk Bachs und Beethovens ist zu Unfassbarem fähig.

Es ist furchtbar, dass man einen Text über Filmmusik nicht schreiben kann, ohne die Konzentrationslager zu erwähnen. Aber so lässt sich am besten verstehen, warum Filmmusik im Klassikmilieu einen so schlechten Ruf hat. Sie bringt nicht nur nichts Neues und kocht die alten Formeln immer wieder neu auf, sie ist auch unkritische, manipulative Funktionsmusik, die nur von außen wie klassische Musik erscheint.

Filmmusik soll meist nicht bewusst auffallen, sondern im Hintergrund die Gefühle des Publikums beeinflussen. Oder sie soll die eine wiedererkennbare Melodie haben, die sich durch den ganzen Film zieht, bis sie selbst dem begriffsstutzigsten Zuschauer ins Ohr geht. Filmmusik ist ästhetisch reaktionärer Geschmacksverstärker im Dienst der Unterhaltung und keine Kunstform von eigenem Rang, so die Sicht kritischer klassischer Musiker. Und im Nachkriegs-Europa so zu tun, als hätte sich nichts verändert, ist zumindest fragwürdig.

Das Spannungsfeld zwischen absoluter Musik (also Musik, die für sich selbst stehen kann) und Filmmusik (die eine Funktion erfüllt) verkörpert am besten der österreichische jüdische Komponist Erich Wolfgang Korngold. Auch er emigrierte 1934 in die USA und arbeitete dort als Filmkomponist. 1938 entschied er, nicht nach Europa zurückzugehen. Wenn man heute Musik von Korngold hört, sagt man sich unweigerlich: Das ist doch Filmmusik! Dabei ist es genau umgekehrt: Korngolds Stil war so prägend für amerikanische Filme, dass Hollywood irgendwann einfach nach Korngold klang. Hören Sie sich den letzten Satz seines Violinkonzerts in D-Dur von 1947 an, und Sie wissen sofort, was gemeint ist:

Erich Wolfgang Korngold:
Violinkonzert in D-Dur, 3. Satz (1947) ⊙

Dieses Ähnlichkeitsproblem haben aber nicht nur europäische Auswanderer. Der US-amerikanische Komponist Howard Hanson schrieb 1930 seine zweite Sinfonie (*Romantic*). Und obwohl sie in Deutschland nie gespielt wird, kommen einem die Melodien und die Instrumentierung merkwürdig bekannt vor. Ein Teil des ersten Satzes wurde ohne Hansons Zustimmung im Finale und Abspann des ersten *Alien*-Films verwendet. Zudem diente das Werk John Williams als Vorlage für seine Musik zu *E.T.* Am Anfang des dritten Satzes kann man das gut erahnen:

Howard Hanson:
2. Sinfonie, 3. Satz (1930) ▶

Hansons Musik wurde also rückwirkend zu Filmmusik, was sie für naserümpfende Kenner als ernstzunehmende Musik disqualifiziert.

In der modernen Filmmusik gibt es natürlich mehr als nur die immer gleiche Nachahmung der Spätromantik. Einige Komponistinnen und Komponisten versuchen, das Spektrum um Jazz, Pop, Hip-Hop und elektronische Musik zu erweitern. Und sie bemühen sich, einzelnen Filmen einen erkennbaren Sound zu geben, zum Beispiel mit Instrumenten jenseits des klassischen Orchesters. So beginnt ▶ John Newmans Musik zu *American Beauty* (1999) mit einem Marimbaphon. Dieser Soundtrack wurde noch Jahre später als Hintergrundmusik in Dokumentarfilmen zu allen möglichen Themen verwendet. Irgendwie wertet diese Musik noch die letzte Provinzpossen-Doku auf.[11]

Der Rückgriff auf bestehende Filmmusik muss nicht schlecht sein. In der ersten Staffel der hervorragenden Amazon-Serie *Homecoming* (2018) haben sich die Macher eine zusätzliche ästheische Komplikation überlegt:

11 Das Online-Musikmagazin *Flypaper* hat eine lesenswerte Analyse dazu veröffentlicht, wie es John Newman schaffte, mit der Filmmusik zu *American Beauty* die ganze Branche ins Marimbafieber ▶ zu versetzen.

Der gesamte Soundtrack sollte nur aus schon existierender Filmmusik bestehen. Der Regisseur und *Showrunner* Sam Esmail erzählte dem amerikanischen Magazin *Billboard* ⊙, dass diese Entscheidung unfassbare Arbeit und Kosten produzierte, weil es um teils obskure Filmmusik aus den 1970ern ging, deren Rechteinhaber nur schwer zu ermitteln waren.

Am entscheidenden Wendepunkt der Serie aber, einem Moment großer Klarheit und bitterer Einsicht zugleich, kommt Musik zum Einsatz, die älter ist als alle Filme. Am Dreh- und Angelpunkt der ganzen Serie läuft ein 1733 komponiertes Menuett von Georg Friedrich Händel. Kein Filmmusikverdacht, aber ganz großes Kino.

Georg Friedrich Händel: Das Menuett (4. Satz) aus der Cembalosuite in B-Dur, HWV 434 (1733) in der Bearbeitung für Klavier von Wilhelm Kempff ⊙

Weitere hörenswerte Filmmusik:

John Corigliano:
The Red Violin Concerto ⊙ (aus *The Red Violin*)

Laura Karpman:
Paris Can Wait ⊙ (aus *Paris Can Wait*)

Michel Legrand:
Les Parapluies de Cherbourg ⊙
(aus *Les Parapluies de Cherbourg*)

Michael Giacchino:
Married Life ⊙ (aus *Up*)

Mychael Danna:
Finale ⊙ (aus *The Ice Storm*)

Hans Zimmer:
Time ⊙ (aus *Inception*)

David Shire:
Main Theme ⊙
(aus *The Conversation*)

ZWISCHENSPIEL:
MAN WILL DAS NICHT GUT FINDEN

Viele Komponisten, und noch mehr Komponistinnen, die ich in meinem Newsletter ⊙ vorstelle, sind zu Unrecht in Vergessenheit geraten. Hier geht es um einen, den womöglich zu Recht kaum jemand kennt. Der Grund ist nicht primär seine Musik, sondern sein außermusikalisches Tun.

Die Diskussion um die Trennung des Werks und der Persönlichkeit, die es erschaffen hat, wird in der Musikwelt prototypisch an Richard Wagner geführt. Wagner war glühender Antisemit, und der erste Dirigent, der seine Musik in Israel aufführte, bekam massiven Ärger – das war im Jahr 2001. Daniel Barenboim dirigierte damals die Berliner Staatskapelle in Jerusalem und ließ als Zugabe das eine Stück von Wagner spielen, das als Wendepunkt in der europäischen Musikgeschichte gilt: das Vorspiel der Oper *Tristan und Isolde.*

Barenboim machte sich für die Musik des Mannes stark, von dem Ludwig Marcuse schrieb, das Nazi-Regime habe »keinen größeren Ahnen und keinen vollendeteren Repräsentanten seiner Ideologie« gehabt als ihn. Der Jerusalemer Bürgermeister kritisierte die Aufführung, das Simon-Wiesenthal-Zentrum verlangte einen Boykott Barenboims, sein Leiter warf ihm »kulturelle Vergewaltigung« vor. Der Dirigent aber jubelte Wagner dem Jerusalemer Publikum nicht einfach unter, sondern fragte, ob es das berühmte Stück Musik hören wollte. Es gab großen Applaus, aber auch vereinzelte Buhrufe. Er entschied sich für die Empfindung der (gefühlten) Mehrheit und nahm den erwartbaren Eklat in Kauf.

In der Frage, warum Barenboim das gemacht hat, kulminiert das Problem der Trennung von Künstlerin bzw. Künstler und Werk. Die Frage lässt sich unterschiedlich betonen, und das ist wichtig: *Warum* hat Barenboim das gemacht? Aber eben auch: Warum hat *Barenboim* das gemacht? Heute betrachten wir eben nicht mehr nur das Werk selbst, sondern auch die Person, die es hervorgebracht hat – und die, die es interpretiert. Wir erinnern uns an das Gedicht *The Hill We Climb*, das die Autorin Amanda Gorman bei der Amtseinführung von Joe Biden und Kamala Harris im Jahr 2021 vortrug. Die Diskussion darum, ob weiße Männer oder weiße Frauen das Werk einer Schwarzen US-Amerikanerin in andere Sprachen übersetzen könnten, oder auch: dürften, war hitzig und lang. Inhalt und Sprechende nicht mehr voneinander zu trennen, ist eine der großen ästhetischen, politischen, ethischen Wertverschiebungen der letzten Jahre. Man kann nun dafür kritisiert werden, *worüber* man sich zu äußern anmaßt. Das sind weiße Menschen nicht gewohnt, und die meisten Männer schon gar nicht. Deshalb gibt es Ärger.

Die gleiche Sache, ausgesprochen von zwei verschiedenen Menschen, ist nicht in jedem Fall die gleiche Sache. Schwule dürfen sich gegenseitig »Schwuchteln« nennen, Heterosexuelle dürfen Schwule nicht so nennen, wenn ihnen etwas am Anstand gelegen ist. Ein kritischer Umgang mit dem Problem kultureller Aneignung, ein Verzicht auf Praktiken wie das *Blackfacing* und die Vermeidung rassistischen Vokabulars sind nicht nur Beispiele für angemessene Umgangsformen, sondern auch für die zunehmende Berücksichtigung der Sprechort-Metaphysik.

Es führt also nicht *irgendwer* Wagner in Jerusalem auf, sondern Daniel Barenboim als argentinisch-israelischer Jude, als Gründer eines Orchesters mit zu gleichen Teilen arabischen und israelischen Angehörigen, in seinem Heimatland und nach Rücksprache mit dem Publikum. Und er führt Wagner nicht einfach *irgendwo* auf, sondern in Jerusalem, im Land derer, die der Komponist für »den geborenen Feind der Menschheit und alles Edlen in ihr« hielt. Und er führt nicht *irgendein* Stück von Wagner auf, sondern einen kurzen Ausschnitt aus *der* Oper, in der der eine Akkord vorkommt, der die Musikgeschichte verändern sollte: der Tristan-Akkord. Dieser bemerkenswerte Zusammenklang von Tönen war ein Meilenstein auf dem Weg der europäischen Kunstmusik, sich von der Tonalität zu lösen, also der Vorstellung, dass sämtliche Musik immer harmonisch irgendwo hin will. Es ist nicht klar, wohin die Musik nach dem Tristan-Akkord weiter will. Für musikgeschichtlich Interessierte ist dieser Akkord also von großer Bedeutung – leider war sein Erfinder Antisemit.

Jetzt könnte man sagen, je nun, *ein* Akkord, darauf kann man vielleicht verzichten. Das Problem ist, dass auf Wagners Konto noch ein paar weitere Erfindungen gehen, auf die weit weniger Menschen zu verzichten bereit wären, das Kino zum Beispiel. Thierry Chervel schreibt, die Oper sei der eigentliche Vorläufer des Kinos – und ganz speziell die Opern Wagners. Die Spektakel-Ästhetik, bei der das Orchester in einem Graben versteckt wird und das Publikum eng beisammensitzt, im Dunkeln und mit dem Blick auf die Bühne gerichtet, all dies sind Erfindungen Wagners. Frühere Konzertsäle dienten viel stärker dem Repräsentationsbedürfnis des Publikums, das genauso gut ausgeleuchtet war wie die Musizierenden. Damit machte Wagner Schluss: Es ging um die Show auf der Bühne, *seine* Show. Mit *seiner* Musik und *seinen* Texten.

Wagners Innovationskraft wird ihm sogar von denen zugestanden, die ihn am ärgsten kritisieren. Und das ist sicher auch ein Grund, warum die ästhetisch-ethische Güterabwägung immer wieder zu seinen Gunsten ausfällt. Wagner wird aufgeführt, aber eben kritisch. Und dabei sind die Inszenierungen, die Wagners Personal mit Hakenkreuzbinden auftreten lassen, noch die schlichteren Auseinandersetzungen. Adrian Daub schreibt: »Wagner ist seit Langem, und ganz zu Recht, gecancelt. Und ist als Gecancelter ungleich produktiver denn als Säulenheiliger.« Das ist es eben: Kunstschaffende können sich an Wagner abarbeiten. Diesen Vorzug hat der Komponist nicht, den ich hier vorstellen will.

Der Schwede Kurt Atterberg, 1887 geboren in Göteborg, komponierte oft von Landschaften seiner Heimat inspirierte spätromantische Musik mit impressionistischen Einsprengseln. Ein Skandinavier, der die Schönheit Schwedens vertont, gleichzeitig ein Musikfunktionär, der sich für die Rechte von Komponisten einsetzt, der Mitte vierzig ist, als Hitler an die Macht kommt – man braucht nicht viel Fantasie, um sich vorzustellen, dass es für die Karriere von so jemandem förderlich sein könnte, mit den Nationalsozialisten zusammenzuarbeiten.

Atterbergs Musik wurde in Nazideutschland von namhaften Dirigenten aufgeführt, von 1935 bis 1938 war er gar Generalsekretär des »Ständigen Rats für die internationale Zusammenarbeit der Komponisten«, einer Organisation der NS-Reichsmusikkammer. Er hinterließ antisemitische Korrespondenz, aber veröffentlichte keine judenfeindlichen Pamphlete wie Wagner.

Die in Stockholm lehrende Ethnologin Petra Garberding schreibt in ihrer Dissertation, dass in Nazideutschland Musik und Politik eins waren, während Schweden die beiden Sphären auch in der Zeit der NS-Herrschaft getrennt beließ. Diese verschiedenen Perspektiven auf das Verhältnis von Politik und Musik ermöglichten es schwedischen Komponistinnen und Komponisten, in Nazideutschland aktiv zu sein, ihre Arbeit aber als rein musikalischer Natur (was immer das sein mag) zu bezeichnen. Währenddessen konnte das NS-Regime die Musik nordeuropäischer Komponisten als Beleg einer »Nordischen Musik«, einer angeblich »typisch arischen« Ästhetik heranziehen.

Atterbergs Versuch, nach Kriegsende von der Königlich Schwedischen Musikakademie rehabilitiert zu werden, ging unentschieden aus: War er Nazi-Sympathisant? *Manche sagen so, manche sagen so.* Diese, gemessen am Wagner-Standard, verhältnismäßig harmlose Biografie eines Karrieristen, dessen Musik schön, aber wahrlich nicht revolutionär ist, führte wohl dazu, dass sich Musikprogrammverantwortliche nach 1945 von Atterberg weitestgehend fernhielten. Die ästhetisch-ethische Güterabwägung geht üblicherweise zu Atterbergs Ungunsten aus, auch weil die Musik viel zu gefällig ist, als dass man sich daran kritisch abarbeiten könnte. Das ist das Problem, jedenfalls für die heutigen Zuhörenden: Der Atterberg-Sound ist eingängig und sehr malerisch. Man will das nicht gut finden, aber es ist nicht leicht.

Wenn Sie nun wissen wollen, wie diese Musik klingt, empfehle ich die *Värmlands-Rhapsodie*, die Atterberg zu Ehren von Selma Lagerlöfs 75. Geburtstag schrieb. Wir wissen, von wo aus Atterberg diese Musik geschrieben hat, aber wir wissen auch, von wo aus wir sie uns anhören. Oder uns eben bewusst entscheiden, sie nicht anzuhören. Es liegt bei Ihnen.

Kurt Atterberg:
Värmlands-Rhapsodie op. 36 (1933) ⊙

8

»WO MAN NUR NOCH IN TÖNEN ATMET«

Das Programmheft der Saison 2023/2024 des Deutschen Sinfonieorchesters Berlin beginnt unerwartet zerknirscht: »Kaum eine Kunst- und Kulturgattung ist so diskriminierend unterwegs wie unsere Branche.« Es folgen unerfreuliche Zahlen, die unerfreulichste: Nur 1,9 Prozent aller von deutschen Profiorchestern zu Gehör gebrachten Werke in der Saison 2019/2020 stammten aus der Feder von Frauen. Dies hatte eine Studie des Archivs »Frau und Musik« und des Vereins »Musica Femina München« aus dem Jahr 2021 ergeben. Es ist eine schier unglaubliche Asymmetrie, bedenkt man, wie viele erfolgreiche Interpretinnen von Musik es gibt.

Mir ist erst absurd spät aufgefallen, dass in den vielen Konzerten, die meine Eltern gespielt haben, so gut wie nie Stücke von Komponistinnen auf dem Programm standen. Offensichtlich war es für mich eine Tatsache, dass Komponieren ein Männerjob ist, ohne dass ich das aber jemals bewusst gedacht hätte. Und natürlich ging es nicht nur mir so; so sieht strukturelle Benachteiligung einfach aus.

Strukturelle Benachteiligungen heißen so, weil nicht Einzelpersonen ursächlich sind für solche Ungerechtigkeiten, sondern ganze gesellschaftliche Systeme. Diese Systeme sind so allgegenwärtig und stark, dass sich die in ihnen handelnden Personen oft nicht ihrer Problematik bewusst sind. Diese Systeme tragen Namen wie »das Patriarchat«, also die Vorherrschaft der (alten, weißen) Männer, und wir haben uns die längste Zeit darin bewegt wie die Fische im Wasser: Die meisten nahmen sie schlicht nicht als ungerecht wahr – die Dinge waren einfach so.

Und an solchen Strukturen zu rütteln, ist eine mühsame, generationenübergreifende, undankbare Arbeit, weil die Beharrungskräfte so groß sind. Die Menschen wollen festhalten an dem, was sie kennen, auch wenn sich das als falsch herausgestellt hat. Sie finden dann Begriffe, die die Vergangenheit per se adeln, *Tradition* zum Beispiel.

Wenn man sich nur das Leben der Pianistin, Klavierpädagogin und eben auch Komponistin Clara Schumann, geborene Wieck, anschaut, wird das Hineinwirken dieser Systeme bis ins Persönlichste hinein schmerzhaft sichtbar. Clara Schumann war lange vor allem als Ehefrau des Komponisten Robert Schumann bekannt. Beide komponierten, teils über die gleichen Themen, spielten sich die Ideen zu – es war eine große Liebesbeziehung.

Von ihrem Vater wurde Clara zum pianistischen Wunderkind gedrillt, an ihr wollte er die Überlegenheit seiner Klavierpädagogik dokumentieren, die Tochter als *Testimonial.* Sie spielte vor Goethe, war bekannt mit Paganini und Liszt. Sie wurde so gut, dass sie quer durch Europa tourte und damit den Lebensunterhalt für die Familie Schumann verdiente. Während ihr Mann Robert sie zu mehr Komponiertätigkeit anhielt, weil er ihr Talent durchaus sah, beharrte sie darauf, Klavier zu üben, um mit den Konzerten Geld nach Hause zu bringen. Immerhin gab es neben ihrem Gatten noch acht (!) Kinder zu ernähren. Nicht der geniale Mann, der lange nicht wusste, ob er nun Pianist, Dichter, Komponist oder doch etwas ganz anderes werden sollte, war der Ernährer der Familie – die pflichtbewusste, talentierte, vernünftige Frau war es. Es tat ihm zwar leid, dass sie wegen der »Mutterpflichten« nicht mehr zum *componiren* kam, aber dass die Idee der »Mutterpflichten« eben auch Menschenwerk ist und nicht in Stein gemeißelt, dass man der Mutter helfen könnte mit den Kindern, ihr Arbeit abnehmen, sie gar gerecht verteilen, die Idee kam ihm nicht. Natürlich nicht – das ist es, was mit struktureller Ungerechtigkeit gemeint ist.

Sie, selber eine begabte Komponistin, sah es als ihre Aufgabe an, ihrem Mann ein »nur [s]einer Kunst gewidmetes Leben zu schaffen«. So schrieb sie es im gemeinsamen Ehetagebuch. Während sie mit jeder Schwangerschaft und Geburt schwächer wurde, unterstützte sie ihren Mann, wo sie nur konnte. Sie spielte seine Werke und verschaffte ihnen die Aufmerksamkeit, die sie verdienten. Aber auf den Bühnen wurde sie als große Pianistin gefeiert, während er im Hintergrund stand. Manche Biografen vermuten, dass diese Kränkung dazu beigetragen hat, dass der psychisch ohnehin labile Mann schließlich in der Nervenheilanstalt endete.

Strukturelle Ungerechtigkeit vergiftet die Köpfe und Herzen der Unterdrückten, so tief bis sie an ihrer Unterdrückung mitwirken, und sei es nur in Gedanken über sich selbst. Über ihr einziges Kammermusikwerk, ein Trio für Klavier, Geige und Cello, schrieb Clara Schumann: »[N]atürlich bleibt es immer Frauenzimmerarbeit, bei denen es immer an der Kraft, und hie und da an der Erfindung fehlt.« Auf diesen Gedanken kam sie erst, als auch ihr Mann anfing, Trios im gleichen Stil zu komponieren.

Der Gedanke, ein Werk könne nichts taugen, *weil* und *nur weil* es von einer Frau kommt, ist typisch für Unterdrückungsverhältnisse. Schwarze Menschen, jüdische Menschen, Homosexuelle, trans Personen, kurz: viele Menschen, die nicht zur jeweiligen Mehrheitsgesellschaft gehören, kennen diesen Essenzialismus: Ihnen wurde so lange erzählt, dass ihnen qua Geburt ein Makel anhaftet, bis sie es irgendwann selbst glauben.

Die Musikwissenschaftlerin Susanne Wosnitzka, die unter anderem über die Biografien von musikschaffenden Frauen forscht, erklärt: Clara Schumann sei überzeugt davon gewesen, dass es kein weibliches Musikschaffen gibt, es also nichts taugen könne, was immer sie da zusammenkomponierte. 1839 schrieb sie in ihr Tagebuch: »Ich glaubte einmal das Talent des Schaffens zu besitzen, doch von dieser Idee bin ich zurückgekommen, ein Frauenzimmer muß nicht komponieren wollen – es konnte es noch keine, sollte ich dazu bestimmt sein? Das wäre eine Arroganz, zu der mich bloß der Vater einmal in früherer Zeit verleitete.«

Vierzehn Jahre später, drei Jahre vor Roberts Tod, notierte sie: »Es geht doch nichts über das *Selbstproduzieren*, und wäre es nur, daß man es täte, um diese Stunden des Selbstvergessens, wo man nur noch in Tönen atmet.« Das ist eine hellsichtige Beschreibung dessen, was wir heute *Flow* nennen. Aber vor allem scheint in diesen Zeilen das ungute Gefühl auf, dass sie ihrem Talent nicht den Raum geben konnte, den es verdient hätte. Dass sie als Komponistin von ihrem Mann, der sie eigentlich fördern wollte, behindert wurde. Von der gegenseitigen kompositorischen Inspiration der Eheleute Schumann, die vielfach belegt ist, profitierte er übermäßig. Besonders bitter ist, dass Clara Schumann mit dem Tod ihres Mannes 1856 praktisch völlig aufgehört hat, zu komponieren. Sie trat weiterhin als Pianistin auf und unterrichtete, aber was auch immer sie noch an Musik hätte schreiben können, blieb ungeschrieben.

Die Nachwelt brauchte bis in die 1960er Jahre, um das Werk der als Komponistin in Vergessenheit geratenen Clara Schumann wiederzuentdecken. »In Vergessenheit geraten«, auch so eine verräterisch passive Formulierung, die die tatsächlichen Strukturen unsichtbar macht. Denn es sind natürlich Menschen, die Musik von Frauen nicht auf die Konzertprogramme setzen. Nur dass sich die Begründungen ändern. Irgendwann sagte man nicht mehr:

Das spielen wir nicht, weil das eine Frauenzimmerarbeit ist. Man sagte dann: Wir spielen das nicht, weil es nicht gut ist.

Das ist tatsächlich eine weit verbreitete Überzeugung im Klassikbetrieb: Wir hören so wenig von Frauen, weil deren Musik einfach nicht so gut ist. Dieses Argument hat etwas Perfides, weil es nicht ganz falsch ist. Tatsächlich brauchen Komponierende, wie ich sie ab jetzt geschlechtsneutral nennen möchte, Zugriff auf Ensembles, auf Orchester, um ihre Stücke auszuprobieren. Susanne Wosnitzka weist darauf hin, dass die meisten Komponisten zuvorderst an Konservatorien oder beim Militär ausgebildete Dirigenten oder Musiker waren, so wie Bach in erster Linie Thomaskantor war (u. a. der Leiter des Leipziger Thomanerchors, er hatte noch weitere Kirchen mit Musik zu bedienen). Frauen wurden an den Konservatorien erst relativ spät aufgenommen, und im Militär durften sie gar nicht dienen. So kamen nur Männer als Kapellmeister, als Chorleiter in Frage, womit auch nur sie die seltenen Gelegenheiten bekamen, eigene Werke zur Aufführung zu bringen. So konnten sie die Spielbarkeit prüfen, das Feedback des Publikums einsammeln und darauf reagieren, indem sie ihre Musik überarbeiten. Männer haben Personal und Reichweite; heute würde man sagen, sie haben eine Plattform.

Die Musikwissenschaftlerin Eva Rieger zeigte bereits Anfang der 1980er Jahre in ihrem Buch *Frau, Musik und Männerherrschaft*, wie viele Frauen aktiv von der professionellen Komponistinnenlaufbahn ferngehalten wurden. Ohne Zugang zu größeren Ensembles gab es für sie keine Chance, handwerklich – zum Beispiel in der Instrumentierung – besser zu werden. So konnte man sich leicht auf handwerkliche Schwächen berufen, wenn man ihre Werke nicht aufführen wollte. Tatsächlich konnte man so auch bequem Konkurrentinnen verhindern. Und der Geniekult, der mit Mozarts Tod aufkam, bezog sich selbstredend auch nur auf Männer.

Die mittelalterliche Vorstellung, der männliche Samen enthalte gewissermaßen einen fertigen kleinen Menschen, den die Frau dann nur noch ausbrütet, hielt sich beharrlich, und mit ihr die Idee, dass »der Mann vorwiegend produktiv, die Frau rezeptiv und reproduktiv ist«, so der Theologe Johannes Müller noch 1903: »In der Musik werden z. B. [die Frauen] als Virtuosen zweifellos Hervorragendes leisten können, aber nicht als Komponisten. Sie verstehen sich ja auf das Nachempfinden besser als die Männer. Aber schon die Kapellmeisterkarriere wird ihnen verschlossen bleiben, weil sich hier zur Notwendigkeit, das Kunstwerk einheitlich neu zu schaffen, die Aufgabe gesellt, eine große Zahl Individualitäten einheitlich zu beherrschen.« So ließ man Frauen als Interpretinnen durchgehen, nicht aber als Schöpferinnen neuer Werke.

Erst in den 1860ern zeigte Gregor Mendel in seinen Erbsenexperimenten, wie Vererbung tatsächlich funktioniert (und diese Erkenntnisse wurden dann bis ins 20. Jahrhundert weitgehend ignoriert).

Heute sagt niemand mehr, Frauen könnten nichts Neues schaffen. Heute sagen Programmverantwortliche: Wenn wir Musik von so unbekannten Leuten spielen, kommt das Publikum nicht. Es hat womöglich eher etwas mit Bequemlichkeit zu tun, womit ich bei dem berühmten Satz des Komponisten Gustav Mahler über Theaterleute wäre: »Was ihr eure Tradition nennt, das ist eure Bequemlichkeit und Schlamperei.«

Zum Glück ist es mit der Bequemlichkeit nun vorbei, auch wegen Musikwissenschaftlerinnen wie Susanne Wosnitzka, die in den letzten Jahren dazu beigetragen haben, Komponistinnen ins Bewusstsein der Öffentlichkeit zu holen. Wir leben, was die klassische Musik angeht, tatsächlich in einer historischen Epoche, deren ersten schwache Signale in den 1960ern vernehmbar wurden, als die Werke von Clara Schumann wiederentdeckt wurden. Zur gleichen

Zeit hörte der Musikkritiker Marc Blitzstein erstmals die Musik der fünfzig Jahre zuvor viel zu früh gestorbenen Lili Boulanger, als es ihm entfuhr: »Was ist uns entgangen? Wir möchten mehr davon!«

1990 bekam Deutschland neues Geld, auf dem blauen Hundertmarkschein: Clara Schumann. 2013 erhielt die amerikanische Komponistin und Sängerin Caroline Shaw als jüngste Frau überhaupt einen Pulitzerpreis für Musik, 2018 erschien der Dokumentarfilm *Komponistinnen*, 2022 spielte Cate Blanchett in *Tár* die (manipulative) Chefdirigentin eines fiktiven Berliner Orchesters – der Film ist umstritten, bekommt aber weltweite Aufmerksamkeit. Und ein Jahr später erscheint das eingangs zitierte Programmheft des Deutschen Sinfonieorchesters, das immer noch und zu Recht die Randständigkeit der Komponistinnen in deutschen Konzertsälen beklagt (in den USA sind es laut einer Studie der Stiftung »Donne – Women in Music« zur Saison 2021/22 immerhin 7,7 Prozent Komponistinnenanteil, mehr als viermal so viel wie hierzulande).

Das Deutsche Sinfonieorchester begnügt sich aber nicht mit der Darstellung des Status quo. In der Saison 2023/2024 soll in jedem Konzert wenigstens *ein* Werk einer Komponistin gespielt werden. Es ist ein bescheidenes Ziel, aber ein guter erster Schritt. Es ist vor allem die Ansage an das Publikum: Hier kommt Musik, die ihr noch nicht kennt. Und das finde ich einen guten Nebeneffekt von ein paar Prozent mehr Gerechtigkeit: nicht das immer Gleiche zu wiederholen, sondern der Musik eine Chance zu geben, die noch ungehört ist.

Unterschrieben ist das Vorwort des Programmhefts übrigens vom Chefdirigenten und dem Orchesterdirektor. Beides Männer.

Hier nun eine sehr subjektive Auswahl zu Unrecht wenig bekannter Musik von Frauen:

Élisabeth Jacquet de La Guerre:
Kantate *Der Schlaf des Odysseus* (1715) ⊙

Maria Szymanowska:
Nocturne in B-Dur (späte 1820er) ⊙

Ethel Smyth:
Messe in D-Dur (1891) ⊙

Cécile Chaminade:
Sechs Romanzen ohne Worte, op. 76 (1893) ⊙

Lili Boulanger:
Les sirènes (1911) ⊙

Rebecca Clarke:
Morpheus für Bratsche und Klavier (1917-1918) ⊙

Ruth Gipps:
Song for Orchestra (1948):
siehe Kapitel »Den Song mag ich« ⊙

Grażyna Bacewicz:
Konzert für Streichorchester (1948)

Joan Tower:
Wild Purple (1998): siehe Kapitel
»Die Sprache der Liebenden«

Isabel Mundry:
Dufay-Bearbeitungen (2003/04)

Christine Southworth:
Super Collider (2010)

Caroline Shaw:
Entr'acte (2011)

Hanna Kulenty:
Concerto Rosso (2017)

ZWISCHENSPIEL:
EIN GOTTESDIENST AUS SAMPLES

Ein Großteil von Johann Sebastian Bachs Werk besteht aus geistlicher Musik: das Weihnachtsoratorium, die Matthäuspassion, die Choräle. Aber auch die weltliche Musik wie die *Brandenburgischen Konzerte*, ja alle Musik sollte der »Ehre Gottes und Recreation des Gemüths« dienen.

Bachs Musik war zeitlebens viel umstrittener, als wir uns das heute vorstellen können – insbesondere unter seinesgleichen, den Protestanten. Die üppigen Passionen wurden als zu emotional, als geradezu opernhaft, kritisiert. Nach seinem Tod 1750 geriet er in Vergessenheit, und wir haben es Felix Mendelssohn Bartholdy zu verdanken, dass es seit Mitte des 19. Jahrhunderts ein Bach-Revival gibt, das bis in unsere Tage anhält.

Die Musikgeschichte ist – wie alle Geschichte – unfair. Es ist mehr als denkbar, dass wir die schönste je komponierte Musik noch gar nicht gehört haben. Irgendwo liegen nie gespielte Noten in Schubladen, und ständig sterben die letzten Menschen, die sich noch an eine Volksweise, ein Lied, einen Marsch aus ihrer Kindheit erinnern könnten.

Musik muss aktuell gehalten werden, sie muss gespielt werden, sonst verschwindet sie. Jemand muss für sie einstehen. Eine Möglichkeit, Musik vor dem Vergessen zu retten, ist ihre Verwendung in anderer Musik. Ein Meister dieser Ästhetik, des Samplings *avant la lettre,* war der amerikanische Komponist Charles Ives.

Ich mache keinen Hehl daraus: Ich liebe Ives' Musik. Sein Werk ist wild, aufregend und vielseitig. Hier geht es um den 3. Satz aus seiner 2. Sinfonie. Wie in vielen seiner Werke kommt bestehende Musik zum Einsatz: Verfremdete, zitierte Kirchenlieder, patriotische Gesänge, sogar ein bei Studenten beliebter Quatschsong ist dabei. (Auf der Website der Houston Symphony findet sich eine praktische Gegenüberstellung ⊙ einiger Originale und Ives' Verwendung in der 2. Sinfonie.) Ives verarbeitet diese Musik aber nicht zu einer disparaten Collage (das macht er dann im 4. Satz), sondern zu einem schlichten und feierlichen Choral. Für mich ist der 3. Satz der 2. Sinfonie von Charles Ives ein weltlicher Gottesdienst; hier wird das Leben gefeiert, in all seiner Albernheit und Sinnlosigkeit, aber eben auch in seiner zu Tränen rührenden Schönheit. Zusammengehalten wird dieser Gottesdienst aus Samples von einer langsamen, tiefen Atembewegung. Achtet in dem Video, wie immer, auf den Dirigenten, insbesondere auf seine Atmung. (Es ist kein Geringerer als Leonard Bernstein.)

Ironischerweise wäre Ives' Werk selbst wiederum beinahe in Vergessenheit geraten. Doch das, was Mendelssohn Bartholdy für Bach geleistet hat, das erledigte Bernstein für seinen Landsmann Ives. Vierzig Jahre nach dem Abschluss der Komposition dirigiert Bernstein die Uraufführung von Ives' 2. Sinfonie 1953 in der Carnegie Hall in New York. Ives konnte nicht anreisen, er hörte das Konzert bei den Nachbarn – seine Musik ein weiteres Mal verfremdet, diesmal durch das Knistern der Radioübertragung.

Hören Sie sie sich an:

Charles Ives:
2. Sinfonie (3. Satz) ⊙

9

AUF DER SUCHE NACH DER ERGREIFENDSTEN MUSIK ALLER ZEITEN

»Ich war auf dem Heimweg auf der grässlichen Autobahn von Boston nach Worcester, als ich das *Eclogue* zum ersten Mal im Radio hörte. Es hat mich so berührt, dass ich an der nächsten Ausfahrt raus musste. Es ergriff mein Herz und meinen Verstand sofort.«

Solche Gefühlsausbrüche liest man nicht oft unter einem YouTube-Video. Und über vierhundert weitere Kommentare klingen ähnlich ergriffen. Eine Frau schrieb, wie sie das Stück auf dem Weg zur Arbeit hörte und ihr der Atem wegblieb – wortwörtlich. Sie musste eine Pause machen, bevor sie ihren Tag beginnen konnte.

Ein anderer schrieb, wie er vor Jahren als Sanitäter in Afghanistan auf eine Mine getreten war, die nicht explodierte. Er rannte vor der rauchenden Mine davon, und als ihm bewusst wurde, dass er gerade mit dem Leben davongekommen war, hatte er plötzlich dieses Stück in seinem Kopf – und brach unter seinem Gefechtshelm in Tränen aus.

Was das Publikum so umgehauen hat, war ein kurzes Stück des spätromantischen englischen Komponisten Gerald Finzi: das *Eclogue* (»Hirtengedicht«):

Gerald Finzi:
Eclogue op. 10 (1920er/1940er) ⊙

Einige der ergreifendsten Stücke, die ich kenne, habe ich zufällig im Auto kennengelernt, auf Umgehungsstraßen, auf dem Parkplatz der Zulassungsstelle, an anderen Unorten. Es war Musik, hinter der alles andere zurücktritt und warten muss. Was ist da passiert? Warum die Gänsehaut, der Kloß im Hals?[12]

Musik, die die Leute so stark berührt, ist meist eher ernst. Die Musikwirkungsforschung belegt das. Sie beschäftigt sich schon länger damit, was Musik ernst oder umgangssprachlich traurig macht, aber die Ergebnisse sind bislang eher trivial. Ja, Musik in Molltonarten klingt oft trauriger als in Dur, aber eben nicht immer.

Finzis *Eclogue* steht in Dur. Zudem kam das Konzept von Dur und Moll erst im 18. Jahrhundert auf und steht zunächst einmal für einen gelernten, von der europäischen Musiktradition geprägten Höreindruck. Dur klingt demnach eher hart (auf lateinisch »durus«), Moll eher weich (»mollis«).

Und tatsächlich ist der Unterschied zwischen Dur und Moll sehr viel faszinierender als der zwischen fröhlich und traurig. Dur und Moll stehen für Natur versus Kultur.

Wenn man auf einem akustischen Instrument einen Ton erzeugt, zum Beispiel eine Saite auf einer Harfe zupft, schwingt nicht nur die gezupfte Saite, sondern es schwingen eine ganze Reihe weiterer Saiten heimlich mit. Nicht so stark wie die gezupfte Saite, aber durchaus vernehmbar. Diese mitschwingenden Saiten sind halb so lang wie die des angeschlagenen Tons. Und ein Drittel so lang. Und ein Viertel. Und so weiter. Diese sogenannten Obertöne ergeben zusammengenommen, grob vereinfacht, eine Dur-Tonleiter. Sie schwingen auf einem Vielfachen des Grundtons.

Wenn Sie sich also an ein physikalisches Phänomen halten,

12 Es braucht also keine Philharmonie für Ergriffenheit. (Auch wenn sie natürlich nicht schadet.) Heute kann man sich von Streamingdiensten und besseren Empfehlungsalgorithmen gezielt überraschen lassen, so absurd das auch klingen mag.

kommt grob gesagt immer Dur raus. Dur liegt quasi in der Natur.

Verblüffend ist, dass das bei Moll-Tonleitern nicht der Fall ist. Ich kann aus Obertönen keine Moll-Tonleiter bauen. Moll ist ein reines Kulturprodukt, Menschenwerk.[13]

In Moll geschriebene Musik fußt also auf einer anderen Logik. Sie muss entgegen der landläufigen Meinung tatsächlich genauso wenig traurig klingen wie in Dur geschriebene fröhlich klingen muss. Hören Sie mal hier hinein und fragen Sie sich: Dur oder Moll?

Ludwig van Beethoven:
5. Klavierkonzert op. 73 (1808-1809) –
2. Satz ⊙

Das Konzert steht in Dur. Es wird klar, dass es andere musikalische Strategien sind, die Musik traurig machen können. Zum Beispiel das Tempo. Ein langsames Stück wird, wenig überraschend, eher als traurig empfunden als ein schnelles. Ein Musterbeispiel dafür ist Samuel Barbers Adagio für Streichorchester. Dieses Stück wurde im Jahr 2004 von BBC-Hörern zum »traurigsten klassischen Stück« gewählt.

Samuel Barber:
Adagio für Streichorchester, op. 11 (1938) ⊙

13 Wenn Sie mehr wissen möchten, schauen Sie sich diesen Ausschnitt aus einer Vorlesung des berühmten Dirigenten, Pianisten und Musikpädagogen Leonard Bernstein an (es ist aber nicht nötig für das Verständnis des Textes): Leonard Bernstein at Harvard: Musical Phonology (1973) ⊙.

Was macht das Barber-Adagio so preisverdächtig traurig? Mit Musik ist es wie mit Witzen – man kann sie nicht erklären. Es gibt ehrbare Versuche, sie zu beschreiben, aber es bleiben eben doch Beschreibungen. Ein Text über Musik kann nie auch nur in die Nähe der eigenen Empfindung kommen. Um es mit einem anderen Beispiel zu sagen: Ich weiß, was ich an Wein mag, aber nicht, wie ich das beschreiben soll.

Ein Freund, der für ein Gourmet-Magazin schreibt, sagt mir dann, was ich an einem Wein gut finde: »Du magst den, weil der so cremig ist.« Ich wäre nie auf die Idee gekommen, einen Wein »cremig« zu nennen, aber die Beschreibung trifft es perfekt. Natürlich ersetzt sein Begriff nicht den eigenen Eindruck beim Trinken, aber er hilft, ihn zu sortieren. Und ich weiß jetzt, dass ich beim nächsten Mal einen »cremigen« Wein bestellen könnte.

Zurück von der Wein- zur Musikbeschreibung. Die Musikwissenschaftlerin Doris Blaich schreibt in einer Analyse ⊙ für den Südwestrundfunk, dass das Barber-Adagio etwas Besonderes haben müsse, denn »das langsame Tempo, die elegischen Themen und dunklen Klangfarben teilt es schließlich mit vielen anderen Stücken«. Das Geheimnis scheint zu sein, dass Barber an keiner Stelle versucht, der Trauer auszuweichen.

Blaich weiter: »Es gibt keine Kontraste, keine Gegenthemen, nichts Grelles. Zwischendurch gibt es winzige Schluchzpausen, doch trotzdem bleibt die Musik immer im Fluss. Die Ausbrüche dieses Schmerzes sind wohlkalkuliert, es gibt keine quälenden Aufschreie oder Ausbrüche. Die Themen leisten sich Pathos [...] und trumpfen dennoch nicht auf. So kann man weinend die Fassung bewahren. Der offene Schluss, der nicht zur Haupttonart zurückkehrt [...] sorgt für ein stilles Fragezeichen am Ende: kein Hinwegtrösten, kein Versuch, die Tränen zu überwinden.«

Mit diesem neuen Wissen hören wir uns das Barber-Adagio jetzt erneut an. Doch, wirklich, noch einmal (wenn es das Nervenkostüm zulässt). Und wir achten darauf, wie Barber dem Schmerz eben nicht ausweicht. Wir achten auf »Schluchzpausen«, wir horchen nach, inwiefern die Musik trotz aller Trauer »die Fassung bewahrt«. Und wir hören auf das »stille Fragezeichen am Ende«, das keinen falschen Trost verspricht.

Samuel Barber:
Adagio für Streichorchester, op. 11 (1938) ⊙

Neben dem Tempo können bestimmte Akkordfolgen einen traurigen Eindruck hervorrufen. Ethan Hein, Dozent für Musikvermittlung an der New York University, behauptet in seinem Blog ⊙, die traurigste Akkordfolge überhaupt entdeckt zu haben. Hoffentlich haben Sie Taschentücher parat:

Wassili Sergejewitsch Kalinnikow:
1. Sinfonie (1895) – 2. Satz (Ausschnitt) ⊙

Ob Hein Recht hat, sei dahingestellt. Neben bestimmten Tonfolgen und Harmonien hat nämlich auch der Einsatz bestimmter Instrumente (und bestimmter Spielweisen) und natürlich die gesamte Dramaturgie eines Werks Einfluss auf die empfundene Traurigkeit. Das ist ein riesiges, über die Jahrhunderte entwickeltes ästhetisches Feld – und die Strategien der Traurigkeit sind je nach Kulturkreis verschieden.

Dieses Buch beleuchtet, und das ist wichtig, die europäische

Musiktradition (in der auch die sinfonische Musik Nordamerikas steht) und die ist, wie die gesamte europäische Kultur, sehr von sich eingenommen. Das ändert nichts daran, dass es andere musikalische Traditionen gibt. Die ohne Dur und Moll auskommen. Mit anderen Instrumenten, anderen Harmonien, anderen Aufführungspraktiken. Und von der jene, die ihr zuhören, nicht weniger ergriffen sind als wir.

Nehmen wir nur indische Ragas. Ein Raga ist ein komplexes Set aus zulässigen Tönen und melodischen Elementen sowie Spielvorschriften. Eine Tonleiter erlaubt sieben bestimmte Töne, aber in einem Raga sind nicht nur Töne vorgegeben, sondern auch die Art und Weise, wie sie gespielt werden sollen. Nichts davon erschließt sich dem heutigen westlichen Ohr ohne Schulung. Die Musik wirkt trotzdem, aber auf einen hiesigen Hörenden womöglich anders als auf den aus Indien. Musik ist eben keine universelle Sprache, sondern muss gelernt werden.

Hören Sie sich mal einen Raga an – die Kategorien von Dur und Moll verpuffen augenblicklich:

Kaushiki Chakraborty:
Shudh Sarang ⊙

Mehrere musikpsychologische Studien (z.B. hier ⊙ oder hier ⊙) kommen zu dem Ergebnis, dass Menschen mit hohem Einfühlungsvermögen eher dazu neigen, traurige Musik zu genießen. Die Forschung nennt dieses Phänomen *Pleasurable Sadness*, also »genussvolle Traurigkeit«. Wobei diese nicht von der Traurigkeit der Musik selbst herrührt, sondern daher, dass sie die Hörer auf eine besondere Art bewegt.

Es geht also um die Fähigkeit des Hörenden, bewegt zu werden. Wer bewegt ist, so eine andere Studie ⊙, neigt zu »ästhetischem Frösteln«, umgangssprachlich: Gänsehaut. Die Ursache dieser Bewegtheit muss nicht traurig sein, sie kann auch einen festlichen, würdevollen Anlass haben. In jedem Fall scheint aber zu gelten: Wer zu Gänsehaut beim Musikhören neigt, hat mehr Verbindungen zwischen dem Hörzentrum und den Hirnregionen, die Gefühle verarbeiten.

Für dieses starke Gefühl gibt es in der klassischen Musikkritik einen gebräuchlichen Begriff, den man im Pop selten hört (obwohl er dort natürlich auch zutrifft): Ergriffenheit. Für die Duden-Redaktion ist Ergriffenheit eine »tiefe Gemütsbewegung« aus Anlass »feierlicher« oder »erhabener« Anlässe, was uns nicht viel weiterhilft, denn sie ersetzt die eine Metapher mit einer anderen: Wenn ich ergriffen bin, erlebe ich also eine irgendwie geartete Tiefe – im Gegensatz zu alltäglicher Oberflächlichkeit.

Man könnte auch sagen: Es geht um Intensität. Diese Intensität erleben viele, wenn sie Musik hören, die ernste Themen wie den Tod behandelt. Selbst wenn man nicht weiß, dass sich Dido nach der folgenden Arie aus Liebeskummer das Leben nehmen wird, spürt man, dass es hier um alles geht. Henry Purcells Musik ist über dreihundert Jahre alt, aber wir dürfen annehmen, dass das damalige Publikum nicht weniger ergriffen war, als wir es heute noch sind.

When I am laid in earth,
May my wrongs create
No trouble in thy breast;
Remember me, but ah! forget my fate.[14]

14 Wenn ich in der Erde liege / Mögen meine Verfehlungen dich nicht bekümmern / Denk an mich! Doch ach! Vergiss mein Schicksal.

Henry Purcell:
Dido and Aeneas (1688/1689)
(3. Akt: *When I Am Laid In Earth*)

Purcell schafft hier in nur drei Minuten eine große Intensität. Das andere dramaturgische Extrem verkörpert Gustav Mahler. Wenn Sie es schaffen, sich für das folgende Musikbeispiel 40 Minuten Zeit zu nehmen, stehen die Chancen nicht schlecht, dass Sie im Verlauf *»aesthetic chills«* empfinden, obwohl die Musik nicht per se traurig ist.

Es geht um den letzten Satz von Mahlers 2. Sinfonie. Es ist einer der längsten Sätze in irgendeinem Musikstück überhaupt, denn was Mahler hier unternimmt, ist ohne Beispiel. Das Stück hat ein Auferstehungsthema, was man nicht unbedingt streng religiös lesen muss. Vielmehr geht es (wie auch schon in Mahlers 1. Sinfonie) um kosmische Dimensionen. Mahler vertont in diesem gigantischen Werk die ewige Wiederkehr von allem und die Hoffnung, die darin liegt, dass alles Leiden nicht umsonst gewesen ist. Wer eine schwierige Zeit durchlebt hat und hinterher weiß, dass selbst das Schlimmste vorbeigeht, kann sich potenziell mit dieser Musik identifizieren.

Wie nebenbei schuf Mahler mit der 2. Sinfonie ein Denkmal für die Schönheit der menschlichen Stimme. In dem Finalsatz nimmt er mehrere Anläufe zu einem großen Finale, in verschiedenen Stilen und mit unterschiedlichen Instrumenten, die aber allesamt abgebrochen werden. Sie genügen nicht. Schließlich greift er, was in Sinfonien sehr selten der Fall ist, zum Mittel der menschlichen Stimme. Erst eine Sängerin, schließlich mehrere Solistinnen, dann mehrere Chöre singen die berühmten Worte: »Was erstanden ist, das muss vergehen! Was vergangen, auferstehen!«

Gustav Mahler:
2. Sinfonie (1888-1894) – 5. Satz ⊙

Für mich zeigt Mahlers Musik mit größtem Nachdruck, dass Ergriffenheit nicht auf Trauer (oder auch Freude) beschränkt sein muss. Es gibt etwas wie intellektuelle und gleichermaßen spirituelle Ergriffenheit: das Gefühl, zumindest den Hauch einer Ahnung bekommen zu haben von etwas Komplexem, von etwas, das unendlich viel größer ist als man selbst.

Diese Ahnung lässt sich nicht auf etwas anderes reduzieren, sie lässt sich nicht erklären durch eine Beschreibung der Musik oder ihrer Wirkung. Sie ist mehr als ein Gefühl, aber nicht weniger als ein Wissen. Diese Ahnung ist die Ergriffenheit, die ich meine, das Mitschwingen der Obertöne Ihres Bewusstseins.

Meine Spotify-Playlist
»Was ist Ergriffenheit?« ⊙

ZWISCHENSPIEL:
DAS IST ZU EINFACH

2011 habe ich jemanden kennengelernt, der an *Chemtrails* glaubt. Ich weiß nicht, wie viele Verschwörungstheoretiker diesem Klassiker heute noch anhängen, die Regierung brächte über Verkehrsflugzeuge absichtlich irgendwelche Chemikalien in die Atmosphäre ein, um Einfluss auf Wetter, unsere Gedanken und Fruchtbarkeit zu nehmen. Ich antwortete ihm, es müssten so viele Leute in diese Geschichte eingeweiht sein, das käme doch sofort raus. Er erwiderte, ich würde da »zu einfach« denken, und machte ein wissendes Gesicht.

Ab ungefähr 2015 steigerte sich die Frequenz, mit der Facebook- und richtige Freunde Sachen sagen, die ich als so hanebüchen empfinde, dass ich nicht weiß, was ich tun soll. Anfangs habe ich noch diskutiert, meist mit ostentativer Gelassenheit, um die Macht der Argumente in aller Ruhe ihre Arbeit machen zu lassen. Das war mit wenigen Ausnahmen völlig wirkungslos. Diese Leute hatten sich entschieden, was sie glauben wollten – und wem.

Auch wenn vor populistischen Bewegungen immer gewarnt wird, sie versprächen »einfache Antworten«, so sind die Verschwörungstheorien in den Köpfen ihrer Anhänger doch meist ziemlich komplex. Die Zurückweisung der plausibelsten Erklärungen stellt sich bei ihnen als besonders starkes Maß an Aufklärung dar: Sie glauben nicht einfach alles, was ihnen (von der Regierung, den öffentlich-rechtlichen Medien, etc.) präsentiert wird. Dafür glauben sie, was ihnen von denen präsentiert wird, denen zu glauben sie sich entschieden haben. Die Tatsache, dass diese Leute keine etablierten Plattformen im Rücken haben, gerät ihnen dabei als Beleg für ihre Unterdrückung. Was Verschwörungstheorien weiter bestärkt.

Verschwörungsgläubige werden sich nicht von ihren Überzeugungen abbringen lassen, wenn ihre (gemeinsame) Abweichung identitätsstiftend geworden ist. Sie würden aufhören, sie selbst zu sein, sie bleiben lieber »skeptisch« aus Bequemlichkeit und aus Angst vor der Beschädigung eines Selbstbilds, das eine Revision nicht zuließe. Es ist die Discount-Version des Skeptizismus, die nur einmal angewendet werden kann und auf sich selbst schon gar nicht.

Und damit wären wir bei Moritz Moszkowskis E-Dur-Klavierkonzert von 1898. Niemand weiß, warum es so gut wie nie gespielt wird, obwohl es ein wunderbares Beispiel romantischer Klaviermusik ist. Die oft genannte Begründung, die aber in einen Zirkelschluss mündet: weil niemand Moszkowski kennt.

Eine interessantere Erklärung: Das Stück ist nicht wahnsinnig schwer zu spielen – im Vergleich zu einem Rachmaninow-Klavierkonzert aus derselben Epoche. Wenn sich jemand schon die Arbeit macht, ein unbekanntes Stück auf dem Klavier einzuüben, und damit dann nicht einmal zeigen kann, was sie oder er alles kann, kommt es eben nicht zur Aufführung. Ich habe keine Ahnung, aber wenn die Theorie stimmt, dann wird Moszkowskis E-Dur-Klavierkonzert nicht gespielt, weil es »zu einfach« ist.

Meine Vermutung ist ein bisschen billiger, aber vermutlich nicht falsch: Es gibt keinen Grund. Nicht alles hat einen Grund. Es gibt auch keine Verschwörung. Das Konzert ist grundlos völlig unbekannt.

Ich liebe diese Musik sehr und würde mir wünschen, sie einmal live zu hören. Und dann am besten in einer so frischen Interpretation wie der des Pianisten Joseph Moog, zusammen mit der Deutschen Radio Philharmonie unter Nicholas Milton.

Hören Sie sich eines der schönsten unbekannten Klavierwerke an, die ich kenne (und ich kenne einige). Die von mir favorisierte Aufnahme gibt es als vier einzelne Videos bei YouTube. Los geht es mit dem ersten Satz, auf YouTube sind auch die restlichen drei Sätze verlinkt:

Moritz Moszkowski:
Klavierkonzert in E-Dur, op. 59 (1. Satz)

10
MUSIK FÜR DIE KRISE, MUSIK GEGEN DIE KRISE

Welche Musik hört man in einer Krise? Vor einigen Jahren war der US-Amerikaner John Adams zu Besuch in London. Adams, ein fröhlicher Typ und sagenhaft erfolgreicher Komponist, wollte die Aufführung eines seiner Stücke besuchen. Es sollte auf der »Last Night of the Proms« gespielt werden, dem prächtigsten Konzert des Jahres.

Die *Proms* sind eine große Konzertreihe in der Royal Albert Hall in London. Es gibt keine Kleiderordnung, jeder ist willkommen, es ist eine elitäre und gleichzeitig klassenlose Veranstaltung. Die »Last Night« ist das wahnsinnig populäre Abschlusskonzert, ihr patriotisch-weihevoller und gleichzeitig völlig alberner Höhepunkt, zu dem das Publikum mit großen Union-Jack-Hüten kommt. Es gibt nichts Vergleichbares in Deutschland, vermutlich gibt es das nirgendwo.

Das Konzert endet traditionell mit der Hymne *God save the Queen* bzw. *King*. Es war also eine besondere Ehre für Adams, dass ausnahmsweise Musik eines Amerikaners die Proms beschließen sollte.

Es kam nicht dazu.

Es war der 15. September 2001, nur vier Tage nach den Anschlägen auf das World Trade Center in New York. Adams' Stück, das an diesem Abend hätte gespielt werden sollen, ist kurz, rasant und euphorisch – der Titel: *Short Ride in a Fast Machine.*

Wenn schon die Musik nicht in die gedrückte Stimmung gepasst hätte, der Titel des Werkes allein wäre an jenem Abend unvermittelbar gewesen. *Short Ride* wurde aus dem Programm der Proms gestrichen, ein zweites Mal bereits. 1997 hätte das Stück schon einmal aufgeführt werden sollen, aber die Briten standen noch unter dem Schock des Todes von Lady Di. Auch Prinzessin Diana, erste Ehefrau des britischen Thronfolgers Prinz Charles, kam in einer schnellen Maschine ums Leben.

Zu Beginn des ersten Lockdowns der Corona-Pandemie, im März 2020, ist das letzte Konzert der Berliner Philharmoniker schon über zwei Wochen her. Und selbst dieses Konzert fand schon unter beklemmenden Bedingungen statt: vor leeren Rängen.[15]

Der italienische Philosoph Giorgio Agamben hat ⊙ auf die Etymologie des Wortes Krise hingewiesen: Krisis meinte in der antiken Medizin den Moment, in dem der Arzt merkt, ob der Kranke überleben oder sterben würde. Im Jahr 2020 wird dieser Moment Monate dauern. Und alle, die schwierige Zeiten durchgemacht haben, wissen, dass auch die Zeit der Trauer nicht gleichförmig ist, dass sich der Zustand, der sich in der nebligen Frühe noch wie Einsamkeit angefühlt hat, schon in der Nachmittagssonne wie Freiheit anfühlen kann. Diese unterschiedlichen Verfassungen haben Komponistinnen und Komponisten in Musik gegossen, durch ihre Musik können wir auf die gleichen Ereignisse durch andere Brillen schauen.

15 Das letzte Konzert der Berliner Philharmoniker vor der Corona-Krise existiert nur für die Digital Concert Hall ⊙, der kostenpflichtigen Website der Philharmoniker.

Die Krise nach 9/11 verlangte neben der Streichung von Adams' Stück nach weiteren Programmänderungen bei der »Last Night of the Proms« 2001 ⊙. Der Abend bestand schließlich aus tragischer oder zumindest getragener Musik, endete dann aber mit dem letzten Satz von Beethovens 9. Sinfonie: *Freude, schöner Götterfunken.* Als John Adams das geänderte Programm sah, hatte er, wie er in seiner Autobiografie schreibt, einen furchtbaren Gedanken: Es gibt offenbar keine abendfüllende amerikanische Musik für ein Ereignis wie 9/11. Selbst auf das Programm des Benefizkonzerts zugunsten der Ersthelfer setzten die New Yorker Philharmoniker keine amerikanische Musik, sondern Brahms' *Deutsches Requiem.*

Johannes Brahms:
Ein deutsches Requiem ⊙

Der Kritiker ⊙ der *New York Times* lobte die Wahl, denn Brahms' Musik verkörpere einen »innigen Ausdruck des Trostes«, und wer das Stück kennt, wird dem kaum widersprechen. Dass da deutsche Musik gespielt wird bei einem Ereignis, das sich nun wirklich vornehmlich um Amerika dreht, findet in der Kritik keine Erwähnung. John Adams aber hat das beschäftigt. Er schreibt in seiner Autobiografie, dass es kein abendfüllendes amerikanisches Werk gebe, das das Publikum neue Hoffnung schöpfen lasse wie Beethovens *Eroica* oder Mahlers Auferstehungssinfonie (um letztere ging es auch im 9. Kapitel). Aber zumindest gebe es kürzere, innige Stücke aus den Vereinigten Staaten, zum Beispiel Aaron Coplands *Quiet City.*

Aaron Copland:
Quiet City ⊙

Jetzt könnte man natürlich einwenden, dass Musik doch eine universelle Sprache ist, die überall gleichermaßen verstanden wird. Doch das stimmt, wie erwähnt, nur so halb. Und in Krisenzeiten ist dem Publikum nach Vertrautem zumute, denn damit lässt sich verlässlich das Zusammengehörigkeitsgefühl hervorrufen, das man dann besonders braucht. Anders gesagt: Es braucht Musik, die man schon kennt. Oder wenigstens eine, die einem bekannt vorkommt. Dass Amerika im Moment der Krise auf deutsche oder österreichische Musik zurückgreifen muss, hat Adams erschüttert: »Alle Menschen werden Brüder« ist *made in Germany.*

Ludwig van Beethoven:
9. Sinfonie (Finale) ⊙

Es gibt selten Programmänderungen aufgrund großer Krisen, aber wenn doch, dann wird auf die immer gleiche Musik zurückgegriffen. Dafür gibt es auch einen ganz praktischen Grund: Meist ist einfach keine Zeit mehr für Proben – oder bestenfalls nur für eine einzige. Es muss also ein Repertoirestück gewählt werden, das das Orchester in- und auswendig kann. Als John F. Kennedy 1963 ermordet wurde, gab es auch in Deutschland Programmänderungen. In Frankfurt am Main wurde kurzfristig Verdi ins Programm gehoben: Ein Opernhaus kann dann Verdis Oper *Die Macht des Schicksals* (*La forza del destino*) spielen und ein Sinfonieorchester zumindest das Vorspiel daraus. Dieses Stück kam auch bei den Proms 2001 wieder zum Einsatz.

Guiseppe Verdi:
La forza del destino (Ouvertüre) ⊙

Falls Ihnen in einer Krise nach ernster Musik zumute ist, die nicht unbedingt zum Repertoire gehört, sind hier ein paar Vorschläge abseits der Trauerstandards:

Sergei Rachmaninows Vertonung von Arnold Böcklins symbolistischer Gemäldereihe »Die Toteninsel« ist wunderschöne, ominöse Musik:

Sergei Rachmaninow:
Die Toteninsel (1909) ⊙

Auch Max Bruch gebrauchte eine außermusikalische Inspiration für »Kol Nidrei«, einem Stück für Cello, das auf einem jüdischen Gebet basiert, das am Vorabend von Jom Kippur, dem höchsten jüdischen Feiertag, gebetet wird:

Max Bruch:
Kol Nidrei (1880) ⊙

Rued Langgaard war ein dänischer Komponist, dessen Oper *Antichrist* erst nach seinem Tod uraufgeführt wurde. Ein erstaunlich unbekanntes, erstaunlich spektakuläres, höchst dramatisches Stück:

Rued Langgaard:
Vorspiel zu *Antichrist* (1921-1930) ⊙

Welche Musik hört man in der Krise? Irgendwann braucht man ein Antidot gegen Angst und Trübsal. Musik, die bessere Zeiten heraufbeschwört, ausgelassen ist, übertrieben gut gelaunt. Lassen Sie uns gemeinsam herausfinden, ob das auch mit Stücken funktioniert, die man noch nicht kennt. Ein paar davon möchte ich Ihnen vorstellen – nicht jedem bekannte Werke, die man gegen die Krise anhören kann:

Aus dem 17. Jahrhundert stammt dieser »kunstreich-melodiöse Wohlklang in verschiedenen Stimmungen und in sieben Teile oder Partien für drei Instrumente angeordnet«. Es ist alles drin: extremer Ausdruck, abstruse Dissonanzen, Humor, mit Papier (!) präparierte Instrumente. Zudem stammt das Stück von dem Komponisten mit dem eindeutig besten Namen: Hören Sie sich Heinrich Ignaz Franz von Bibers *Battalia* an:

Heinrich Ignaz Franz von Biber:
Battalia (1673) ⊙

Um 1730 herum nahm sich Johann Sebastian Bach ein Vivaldi-Konzert für vier Geigen vor, bearbeitete es für vier Cembali, änderte, ergänzte – ein Remix aus dem frühen 18. Jahrhundert:

Vivaldi/Bach:
Konzert für vier Cembali, BWV 1065
(um 1730) ⊙

Amy Beach war die erste Amerikanerin, die eine Sinfonie schrieb. Hier ist ein gewitztes, charmantes Klavierstück von der Frau, die 1910 auf eine dreijährige Europatournee ging, um eigene Klavierstücke aufzuführen:

Amy Beach:
Honeysuckle (aus *Grandmother's Garden*) (1922) ⊙

Ernst von Dohnányi fährt in seinen *Symphonischen Minuten* alles auf, was er kann. Das Stück besteht aus fünf Sätzen und dauert nur eine knappe Viertelstunde. Hören Sie sich das ganze Stück an, wenn Sie können. Wenn Sie nur drei Minuten haben, hören Sie nur den letzten Satz. Dohnányis Musik schwelgt und feiert, als ginge uns das Leid der Welt nichts an, als wäre es nicht 1933 – und es *war* 1933, als er das schrieb. Vielleicht ein Grund, warum es so selten gespielt wird. Rückwirkend war das die falsche Musik. Falsche, schöne Musik:

Ernst von Dohnányi:
Symphonische Minuten – 5. Satz (1933) ⊙

Mittlerweile können wir wieder in Konzerte gehen – und auch wenn ich normalerweise eine Lanze nach der anderen für das Klassik-Streaming breche: Wer es kann, möge den Musikerinnen und Musikern live zuhören. Die Konzertsäle brauchen Publikum. Die Orchester, die Solistinnen und Solisten, auch sie haben unter der Pandemie gelitten. Nicht alle haben die Berühmtheit (und einen Vertrag mit Sony) wie der Pianist Igor Levit, der es sich erlauben konnte, während der Corona-Krise kostenlos abendliche Hauskonzerte auf Twitter zu streamen. Levit ist sehr gut, aber wie immer belohnt die Ökonomie der Aufmerksamkeit eine Handvoll Stars, während viele unbekannte Musikschaffende noch unsichtbarer (und unhörbarer) wurden, als die Bühnen wegfielen.

John Adams' zweimal verschobener *Short Ride* kam übrigens

doch noch zur Aufführung. 2014 bei den *Proms*, dirigiert von der hervorragenden Marin Alsop. Und weil es ein Stück ist, das gute Laune macht und einen geradezu euphorisiert aus dem Konzertsaal entlässt, ist *Short Ride* ein gutes Stück gegen Krisen.

John Adams:
Short Ride in a Fast Machine (1986) ⊙

ZWISCHENSPIEL:
DIE LEUTE WOLLEN EINEN ECHTEN CRAMER!

Mit Kunst Geld verdienen zu *müssen*, ist schlimm genug; Geld verdienen zu *wollen*, geht hingegen gar nicht. Das ist zumindest das romantische Bild vom Kunstschaffenden, mit dem ich groß geworden bin, und ich glaube, ich bin damit nicht allein. Es scheint, dass das Idealbild des hungernden Künstlers ein spezifisch kontinentaleuropäisches Ding ist, anderswo sieht die Welt nämlich ganz anders aus (sie sieht auch hierzulande in Wirklichkeit ganz anders aus, aber wir reden ja von einem Idealbild).

In den USA, auch in Großbritannien ist es überhaupt keine Frage, dass ein Mensch, der Kunst macht, etwas zu verkaufen hat: Gemälde, Gedichte, Klavierkonzerte. Oder eben – Klaviere. So hat es nämlich Johann Baptist Cramer angestellt, dessen originelle Klavierkompositionen nur noch von seinem *Business sense* überboten werden.

Cramer wurde 1771 in Mannheim geboren, kam aber schon als Dreijähriger mit seinen Eltern nach London. Er bekam Kompositionsunterricht bei Hélène de Montgeroult am Pariser Konservatorium, wurde ein anerkannter Pianist (Queen Charlotte war Fan) und war mit Beethoven befreundet. Cramer war ein Star.

Aber interessanter als das ist sein Geschäftssinn. So gab er Beethovens 5. Klavierkonzert den Titel. Seinetwegen heißt das Stück in der englischsprachigen Welt *Emperor Concerto*, also »Kaiserkonzert«. Cramer wusste, was er tat. Er fand ein Bild für die Musik, die er als »heroisch« empfand – einen Kaiser, irgendeinen. Keiner weiß, wer gemeint ist, es ist auch völlig egal, der Zweck war erfüllt. *Emperor* kann man sich leichter merken als »5. Klavierkonzert« und diese Brandingstrategie aus dem ganz frühen 19. Jahrhundert funktioniert bis heute.

So was macht ein Cramer nebenbei, als Freundschaftsdienst. Sein eigentliches Geschäftsmodell hatte er sich bei seinem anderen Lehrer, dem italienischen Komponisten Muzio Clementi, abgeschaut, der seit den 1790ern Klaviere bauen und Musik verlegen ließ – von *seinem eigenen* Unternehmen. 1824 gründete Cramer mit Geschäftspartnern *Cramer, Addison & Beale*. Das Unternehmen könnte man einen kleinen Medienkonzern nennen. Es verlegte Noten und baute Klaviere. Die Synergieeffekte waren beachtlich, vor allem, weil der Chef Komponist war. So schrieb und verlegte Cramer einfache Klavierstücke, damit man schon nach wenigen Unterrichtsstunden »einen echten Cramer« auf dem Cramer-Piano spielen konnten. Und für die Profis (und sich selbst) komponierte er halsbrecherisch schwere Konzerte, die jeden Auftritt wieder zu Werbung für seine Klaviere machten. Ein echter Cramer, verlegt bei Cramer, gespielt auf einem Cramer, vom echten Cramer.

Und wie klingt so ein echter Cramer? Originell, überraschend, eingängig klingt er. Hören Sie mal in den letzten Satz seines 8. Klavierkonzerts rein. Er beginnt mit Pizzicati (also mit dem Finger gezupften statt mit dem Bogen gestrichenen Saiten) in den Streichern, auch einige Blasinstrumente kommen kurz zu Wort, bevor bei 0:18 das Klavier einsetzt und bescheiden das eben schon vom Orchester vorgestellte Thema wiederholt. Es klingt einfach, aber nur damit die virtuosen Passagen später (ab 1:48) umso effektvoller herausragen. Bemerkenswert finde ich auch das etwas zu lange, aber daher interessante, Streicher-Decrescendo (Fade-out) bei 1:27 (und in der Wiederholung bei 5:51).

Bei 4:24 wiederholt Cramer den Anfang des Satzes, wieder Pizzicati, aber diesmal dürfen andere Blasinstrumente die Fanfare anstimmen. So weit, so bekannt – bis er bei 6:11 völlig ohne Vorwarnung die Tonart wechselt, absolut schamlos, ohne auch nur den Versuch zu unternehmen, dort irgendwie halbwegs elegant hinzumodulieren. Aber es geht so zügig weiter, dass man keine Zeit hat, darüber nachzudenken, was das jetzt war.

Nach diesem wenig galanten *Move* zeigt Cramer zum Schluss des Konzerts, dass er doch ein feiner Kerl ist: Nicht dem Klavier gehört das Schlusswort, sondern dem Orchester allein. Ohne nachgezählt zu haben, behaupte ich, dass die allermeisten Klavierkonzerte vorbei sind, wenn das Klavier die letzte Note gespielt hat, zusammen mit dem Orchester natürlich. Nicht so bei Cramers 8. Klavierkonzert. Nachdem bei 9:34 der Klavierpart zu Ende ist, und zwar begleitet vom Orchester, spielt dieses noch eine geschlagene halbe Minute weiter. Das ist so ungewöhnlich wie geschmackvoll, weil es dramatische (und billige) Showeffekte der Person am Klavier zum Finale ausschließt und das Orchester nicht zum bloßen Begleiter degradiert. Sympathisch!

Hören Sie sich den letzten Satz an:

Johann Baptist Cramer:
8. Klavierkonzert (3. Satz) ⊙

11
DIE KLASSIK-FORMEL

Musik ist eine Sprache. Sprachen muss man lernen, wenn man sie verstehen will. Ich bin davon überzeugt, dass sich auch der emotionale Gehalt einer Musik besser erschließt, wenn man etwas über ihre Struktur, die »Grammatik« der Sprache, weiß. Denn oft erhält man einen emotionalen Zugang zu etwas erst durch intellektuelle Arbeit.

Glauben Sie nicht? Sie machen diese Arbeit aber jeden Tag, indem Sie Sprache verstehen. Ich kann von Worten nur berührt werden, wenn ich die Bedeutung verstehe und die Struktur, die Grammatik der Sprache. Wenn ich nicht weiß, wie Sätze gebildet werden, verstehe ich den Sinn der Worte nicht. Aus Unverständnis folgt Langeweile. Und Langeweile ist das Hauptproblem bei der Vermittlung klassischer Musik. Diese Musik empfinden die meisten Menschen schlicht als langweilig. Dieses Buch ist ein bescheidener Versuch, das zumindest für ein paar Leute zu ändern.

Wenn ich also nur eine Sache erzählen dürfte über die »Sprache« der klassischen Musik, dann wäre es diese: Es gibt eine Methode, nach der viele der bekanntesten Stücke komponiert wurden, eine Formel sozusagen. Die Meister variieren sie natürlich und gehen weit darüber hinaus, aber auch sie beginnen mit einer an sich einfachen Formel. Und wenn Sie diese Formel kennen, können

Sie Musik ganz neu verstehen: nicht nur ausschließlich emotional, sondern auch intellektuell. Und diese beiden Verständnisweisen sind kein Widerspruch.

Das Klassische – egal in welcher Kunstgattung – hat immer etwas Erhabenes. Vieles geht unter, aber das Klassische bleibt. Man kann es ablehnen, aber man kann es nicht ignorieren. Das Klassische ist die Perfektionierung einer freien Kunst in einem strengen Rahmen. Den strengen Rahmen finden wir in allen Kunstformen, nicht nur in der Musik, sondern auch in der Mythologie, auf der Bühne, im Gedicht – ebenso im Film, in der Architektur, sogar in der Küche. Überall gibt es klassische Formen, und wie die Kunstschaffenden damit umgehen, verrät ihre Meisterschaft.

Und die klassischen ästhetischen Strategien finden sich überall wieder: Gut gegen Böse, David gegen Goliath, Armut gegen Reichtum, Unterdrückte gegen Unterdrücker. Drama ist Konflikt, und ohne Konflikt ist alles fad. Widersprüche, Gegensätze, Kontraste – ohne sie geht es nicht. Und je strenger der formale Rahmen, desto spektakulärer die Möglichkeiten der Kunst.

Haben Sie die britische Serie *Fleabag* gesehen? (Wenn nicht, holen Sie es nach, sie ist sehr gut.) Die Heldin wendet sich mitten im Dialog an das Publikum vor dem Bildschirm und kommentiert die Handlung. Das ist deswegen verstörend (und wirkungsvoll), weil normalerweise die Form gewahrt, der Rahmen nicht gesprengt wird. Wer im Fernsehen eine Rolle spielt, spricht das Publikum nicht an, ja darf noch nicht einmal direkt in die Kamera schauen. Die strenge Form ermöglicht die Freiheit erst.

Was ich Ihnen hier verraten will, ist eine »Klassik-Formel«, ein Gestaltungsprinzip, nach dem sehr viel klassische Musik gebaut ist – und diesmal meine ich tatsächlich »klassische« Musik im engeren Sinn, also die europäische Kunstmusik von 1750 bis 1825. In diese Epoche fallen Mozart, Haydn und Beethoven – und meist

ist es ihre Musik, an die Leute denken, wenn klassische Musik erwähnt wird.

Die strenge Form heißt in der klassischen Musik Sonatenhauptsatzform, und man kann sie natürlich beliebig kompliziert erklären, aber im Prinzip besagt sie: Es geht darum, zwei gegensätzliche Melodien vorzustellen und sie dann aneinander zu reiben – Ausgang ungewiss.

Die Formel geht so:

1. Das Stück beginnt. Wir hören eine Melodie, das sogenannte »Thema«. Es wird ein bisschen mit dem Thema gespielt, vielleicht wird es noch einmal gespielt, etwas langsamer oder schneller, etwas höher oder tiefer oder auf einem anderen Instrument.
2. Dann hören wir eine zweite Melodie, die ganz anders ist als die erste: das zweite Thema. Es steht in einer anderen Tonart als das erste – es hat einen völlig anderen Charakter. Und auch mit diesem zweiten Thema wird gespielt, auch es wird wiederholt, variiert, leicht verfremdet (weil es so schön ist und damit man es sich leichter merken kann).
3. Und dann geht's rund: Beide Themen werden aneinander gerieben, sie beginnen, sich zu überlappen, zu überschneiden (das ist grob gesagt die sogenannte »Durchführung«). Sie wandern durch verschiedene Tonarten, sie arbeiten gegeneinander …
4. … und am Ende vielleicht sogar miteinander (aber nicht immer!). Vielleicht gibt es eine Versöhnung der beiden, vielleicht nicht. Möglicherweise kehrt das zweite Thema zurück, aber in der Tonart des ersten. Es ist ein bisschen so, als würde eine der beiden Streitparteien auf die andere zugehen und sagen: Okay, finden wir einen Kompromiss (die »Reprise«). Dann passieren

noch ein paar andere Dinge – es gibt dramatische Verästelungen, Ablenkungen, Erinnerungen an den Anfang des Stücks und einen dramatischen Schluss (die »Coda«). Fertig. Sonatenhauptsatzform.

Und falls Sie jetzt sagen: Moment mal, funktioniert nicht jedes zweite Theaterstück so? Oder jeder Hollywoodfilm? Zwei Figuren, ein Konflikt, eine irgendwie geartete Auflösung? Dann sage ich, tja, so ist das mit der Klassik. Diese Dinge überdauern, weil sie funktionieren. Sie sind befriedigend, sie sind rund, aber nicht langweilig.

Die Sonatenhauptsatzform ist die Formel für so ziemlich alle ersten Sätze klassischer Sinfonien, manchmal funktionieren auch die letzten Sätze so (die mittleren werden anders gebaut).[16]

16 Eine Sinfonie besteht aus mehreren, voneinander durch kurze Pausen getrennten Stücken. Die einzelnen Sätze haben sehr unterschiedliche Charaktere, ihr Hauptunterscheidungsmerkmal ist aber die Geschwindigkeit, in der sie gespielt werden. Deshalb haben Sätze Tempobezeichnungen als Namen – und zwar auf Italienisch, denn das ist die Sprache der (klassischen) Musik.
Eine solche Tempobezeichnung haben Sie sicher schon mal gehört: »Adagio«. Das bedeutet zwar wörtlich »bequem« oder »behaglich«, aber gemeint ist ein langsames oder gar sehr langsames Tempo (rund 60 bis 70 Schläge pro Minute oder bpm). Das Gegenstück zum Adagio ist das »Allegro«, was für ein flottes Tempo steht (120 bis 180 bpm). Das Mittelding ist »Moderato«: Wie der Name schon sagt, steht das für ein moderates, mittleres Tempo (108 bis 120 bpm).
Wenn also jemand sagt, ihm gefällt besonders das Adagio aus einer Sinfonie, dann meint das den langsamen Satz aus dem Werk. Oft beginnt eine Sinfonie mit einem dramatischen und pompösen ersten Satz, gefolgt von dem Adagio, dem leiseren, zarten zweiten Satz.
Es gibt noch viele weitere Tempobezeichnungen, und gerade in der romantischen Musik werden diese immer assoziativer. Bei Gustav Mahler lesen wir ausufernde Satzbezeichnungen wie: »In gemessenem Schritt. Streng. Wie ein Kondukt.«

Nehmen wir ein Beispiel, das wirklich alle kennen. Der erste Satz von Beethovens 5. Sinfonie. Viel klassischer wird es nicht. Wenn Sie jetzt acht Minuten Zeit haben, hören Sie ihn sich einmal am Stück an.

Ludwig van Beethoven:
Sinfonie Nr. 5 in c-Moll (1800-1808) ⊙

Der erste Satz beginnt mit acht weltbekannten Noten (die folgenden Videos zeigen immer nur den Ausschnitt, um den es gerade geht): ⊙.

Diese Noten sind das erste Thema. Man könnte es auch ein »Motiv« nennen, denn meist sind Themen länger und aus mehreren »Motiven« zusammengesetzt. Wie dem auch sei, das Motiv klingt dramatisch und unheilvoll. Weil die Klassikleute oft zu Pathos neigen, nennen sie diese ersten acht Töne auch »Schicksalsmotiv«. Sei's drum. Beethoven spielt etwas damit, wiederholt es in verschiedenen Tonhöhen und mit verschiedenen Instrumenten.

Dann setzt das zweite Thema ein. Es ist völlig anders als das erste: lieblich, friedlich, sanft – der perfekte Kontrast: ⊙.

Auch das zweite Thema wiederholt Beethoven einige Male, so wie er auch schon mit dem ersten verfahren ist. Wir sollen es uns ja merken können. Und weil das Stück sonst schon zu Ende wäre, wiederholt er beide Themen noch einmal.

Es ist wichtig, sich das klarzumachen: Der erste Satz einer Sinfonie ist nicht einfach nur eine Aneinanderreihung von mehr oder weniger schönen Melodien – genauso wenig wie ein Haus eine Aneinanderreihung mehr oder weniger großer Zimmer ist. Es gibt da eine Ordnung. Man muss diese Ordnung nicht kennen, aber das Zuhören wird interessanter, wenn man sie kennt. Diese Struktur, diese Grammatik der Musik ist nötig, weil der Komponist ja etwas sagen will – nur eben ohne Worte. Und wie Beethoven etwas sagen will!

Nachdem er uns das erste und das zweite Thema vorgestellt hat, will er sicherstellen, dass wir es auch wirklich begriffen haben – also wiederholt er beides. Zuerst also noch einmal das erste Thema: ⊙.

Und dann erneut auch das zweite Thema: ⊙.

Beethoven hämmert uns das wirklich rein: Bitte schön, hier sind zwei verschiedene Themen, unterschiedlich wie Nacht und Tag. Dramatisch und lieblich, bedrohlich und friedlich. Das Maximum an Differenz.

Beethoven wäre aber natürlich nicht Beethoven, wenn er sich nicht eine zusätzliche Komplikation überlegt hätte. Während er das zweite Thema vorstellt, läuft im Hintergrund der Rhythmus des ersten Themas (ta-ta-ta-taaaa!) parallel weiter. Achten Sie mal auf die Celli im Hintergrund. Während die Geigen im Vordergrund das liebliche zweite Thema zum Besten geben, grummelt in den Tiefen der Töne das Schicksalsmotiv weiter. Die Celli wiederholen das erste Thema, während die Geigen schon beim zweiten Thema sind. Beide Themen überlagern einander. Hören Sie es sich an: ⊙.

Gleichzeitig aber ist das, was da im Hintergrund grummelt, schon nicht mehr ganz so fatalistisch wie am Anfang. Die vierte und achte Note gehen jetzt nicht mehr nach unten, sondern nach oben. Es ist fast so, als hätte das freundlichere zweite Thema das erste angesteckt. Achten Sie beim Hören auf die tiefen Töne der Celli: ⊙. Merken Sie etwas? Wir hören uns die gleiche Stelle wieder und wieder an und jedes Mal hören wir auf etwas Neues, wir entdecken immer mehr – und das in einem Stück, das man ja eigentlich zur Genüge kennt. Es folgt nun der Teil, in dem die beiden Themen aneinandergerieben werden, dieser Teil heißt »Durchführung«. Wir kennen jetzt das musikalische Material, die Zutaten des Gerichts, nun wollen wir doch mal sehen, was Beethoven daraus machen kann.

Das erste Schicksalsmotiv kommt wieder, diesmal noch dramatischer, gespielt auf den Hörnern, aber schon ein paar Sekunden später klingt die Musik unerwartet versöhnlicher, aber die Erholung hält keine zehn Sekunden an: ⊙.

Wenig später ist der Streit dann vollends ausgebrochen: Geigen gegen Kontrabässe, Geigen gegen Blechbläser, es gibt mehrere Versöhnungsversuche, mehrere Beschwichtigungen, aber es ist alles für die Katz: ⊙.

Dann plötzlich aus dem Nichts eine einzelne Oboe, als ob sie sagen wollte: Könnt ihr euch nicht vertragen? ⊙

Es ist umsonst, der Streit geht unvermindert weiter. Es passieren jetzt noch ein paar Beethoven-Spezialaktionen, deren Komplexität uns hier nicht weiter bekümmern soll. Aber bevor das Schicksalsmotiv endgültig obsiegt, werden – Ordnung muss sein, denn auch das schreibt die Sonatenhauptsatzform vor – beide Themen erneut wiederholt, wenn auch leicht variiert und nochmals dramatisch zugespitzt. Schicksalsschläge, Zärtlichkeit, Krawall, Versöhnung – und wieder Schicksalsschläge. Das ganze menschliche Drama in acht Minuten Musik. Hören Sie sich hier die letzten zweieinhalb Minuten Kampf der Themen an: ⊙

Und auch das macht das Klassische der Klassik aus: Diese Musik hält sich so lange, weil es so viel zu entdecken gibt. Am Anfang ist man vielleicht vom Rhythmus und der Dramatik eingenommen, aber beim wiederholten Hören kann man all die anderen Ebenen entdecken, die Beethoven in diese Musik eingebaut hat.

Und noch über hundert Jahre nach der Komposition werden diesem Stück neue Bedeutungen abgerungen: Weil der Rhythmus dieser ersten vier Noten, ta-ta-ta-taaaaa, kurz-kurz-kurz-lang, dem Morsezeichen des Buchstabens V entspricht, sendete die BBC während des Zweiten Weltkriegs den Anfang von Beethovens Fünfter als Jingle: *V for Victory*. Ja, genau, deutsche Musik im Kampf gegen Nazideutschland. Das NS-Regime ist tot, aber Beethoven lebt.

Angesichts reaktionärer Kräfte, die überall auf der Welt einen aggressiven Nationalismus feiern, erinnert uns die Klassik, erinnert uns die Sonatenhauptsatzform: Ohne Unterschiede ist alles sinnlos. Ohne Unterschiede kein Fortschritt, ohne Differenz keine Entwicklung, ohne Konflikt keine Wahrheit. Wenn uns die Sprache der klassischen Musik eines lehrt, dann das: Es geht nicht ohne Konflikt und Widerspruch. Anstatt Unterschiede zu negieren oder gar zu beseitigen, lassen Sie sie uns leben. Das Allerbeste geht aus ihnen hervor.

NACHSPIEL:
DIE WICHTIGEN FRAGEN DES LEBENS

Mein Großvater väterlicherseits starb mit über hundert Jahren. Noch kurz vor seinem Tod war er ein Muster an Fitness; jahrelanges Anstehen nach saurer Sahne in sowjetischen Wintern und ein lakonischer Witz waren seiner ohnehin robusten Konstitution offenbar nicht abträglich. Noch hoch in seinen Neunzigern wieselte er meinem Vater bei Spaziergängen durch den tiefen Westen Berlins davon.

Beinahe jedes Jahr zu seinem Geburtstag im April kam er aus Moskau zu Besuch nach Deutschland. Er war in einer Hütte mit nur einem Raum aufgewachsen. Mit der sowjetischen Revolution erhielt seine Familie eine Scholle Land und ein paar Stück Vieh. Lesen musste er im Schein einer angezündeten Birkenrinde, denn es gab nicht mal Öllampen. Es ist unvorstellbar, dass dieses Leben gerade mal zwei Generationen her ist. Später unterrichtete er Englisch in der Roten Armee, aber wenn er zu Besuch nach Deutschland kam, sprach er mit uns Kindern, da wir kein Russisch und noch kein Englisch konnten und er kaum Deutsch, Jiddisch.

Jiddisch mit deutschsprachigen Kindern zu sprechen, ist ein Geschenk für alle Beteiligten. Die Sprache ist ein Abzweig vom Mittelhochdeutschen und klingt für heutige Ohren vor allem drollig und sehr, sehr sympathisch. Statt »Die Frau ist ausgerutscht«, sagte Opa: *Di froy hat zikh aoysgeglitsht.* Bei völlig alltäglichen Sätzen lagen wir am Boden vor Lachen.

Als ich älter wurde, begann Opa, mir jedes Jahr, wenn er zum Geburtstagsbesuch kam, die gleichen Fragen zu stellen, bezüglich der großen Dinge des Lebens. Wir würden beim gemeinsamen Abendessen sitzen, er würde das Besteck beiseitelegen, sich ostentativ räuspern und fragen:

– *Zag mir ven vestu zeyn a milyoner? Ven vestu habn a veyb?*

(Sag mir, wann wirst du Millionär sein? Wann wirst du eine Frau haben?)

Auf Jiddisch klingen diese Fragen nur zu einem Viertel nach Erwartungsdruck. Der größere Teil ist schmunzelnde Zuversicht. Immerhin ist die Frage nicht ob, sondern nur noch wann.

Auf die erste Frage konnte ich wahrheitsgemäß antworten, daran zu arbeiten. Immerhin hatte ich in relativ jungen Jahren mit zwei Schulfreunden eine Softwarefirma gegründet und aus der Presse weiß man ja, dass Jugendliche, die irgendwas mit Computer machen, später Bill Gates oder Steve Jobs sind. Die Frage nach dem *veyb* ist vertrackter. Während ich anfangs noch die Top-Ausrede vieler *closeted* junger Erwachsener verwenden konnte, gerade einfach keine Zeit für eine Freundin zu haben, wurde dieser offensichtliche Unsinn mir irgendwann nicht nur peinlich, sondern auch ein bisschen unwürdig gegenüber einem bald Hundertjährigen.

Ich kündigte also meinen Eltern an, Opa beim nächsten Geburtstagsbesuch zu eröffnen, dass das mit dem *veyb* so nicht eintreten wird. Mein Vater war dagegen. Er sorgte sich um das psychische Wohlergehen seines Vaters bzw. er fürchtete schlicht, Opa bekäme einen Herzinfarkt. Meine Mutter hielt das für Unsinn. Dem Mann wird nichts Menschliches fremd sein. Man kann ihm alles sagen, wenn er es nicht eh schon weiß. Ich war nicht umzustimmen, mein Vater aber auch nicht, also rief er in Moskau an, um Opa zu bitten, beim nächsten Besuch auf die Frage zu verzichten.

Don't ask, don't tell war jahrzehntelang die Politik des US-Militärs im Umgang mit homo- und bisexuellen Menschen in der Armee. Wir fragen nicht, du sagst nichts. Dieses verdruckste Gewese um die sexuelle Identität von Menschen soll vermeiden, andere direkt anlügen zu müssen. Das Thema soll gemieden, umgangen, totgeschwiegen werden. So wird eine Scheinmoral performt. Diese Seinsweise erlegt Nicht-Heterosexuellen auf, ständig eine kalkulierte Distanz zu sich selbst wahren zu müssen, um nicht durchzudrehen. Nicht alle Menschen kommen damit zurecht. Niemand sollte damit zurechtkommen müssen.

Aaron Copland, in Brooklyn in eine konservative jüdische Familie aus Litauen geboren, wurde einer der wichtigsten Komponisten des 20. Jahrhunderts. Dass er schwul war, verheimlichte er nicht, aber er thematisierte es auch nicht. Außer vielleicht in seiner Musik. In Howard Pollacks Copland-Biografie heißt es: Als ein befreundeter Komponist meinte, der melancholische, bittersüße erste Satz von Coplands Klarinettenkonzert habe doch etwas mit seiner Homosexualität oder wenigstens einer Jugend als *loner* zu tun, antwortete er nur: »Da könntest du Recht haben.«

Als Opa im folgenden April zu Besuch kam und wir zum Abendessen in der Wohnung in Halensee zusammenkamen, herrschte gespannte Erwartung. Opa hatte Appetit und aß tüchtig. Ich nicht so. Niemand wusste, was jetzt kommt; ob überhaupt etwas kommt. Dann räusperte Opa sich ostentativ, denn es war offenbar doch wieder Zeit für die großen Fragen des Lebens. Er legte das Besteck beiseite und fragte:

– *Zag mir vi vegn nanotetshnologi?*

(Sag mir, wie steht es um die Nanotechnologie?)

Es war ein befreiendes Gelächter, das am Tisch ausbrach. Keiner hatte auch nur den Schimmer vom Hauch einer Ahnung, wie es wohl um die Nanotechnologie stehen könnte. Opa wird sich gedacht haben: Wenn ihr keine Antwort geben *wollt*, dann frage ich eben etwas, worauf ihr keine Antwort geben *könnt*. Und so wie Opa selbst gelacht hat, war ich mir sicher, dass meine Mutter Recht hatte.

Aaron Copland:
Konzert für Klarinette und
Streichorchester (1948) ⊙

DANKSAGUNG

Ich bedanke mich bei Christoph Küstner, Holger Schulze, Susanne Wosnitzka und Ivo Zedlitz für die fachliche Unterstützung. Außerdem bei Theresa Bäuerlein, Rico Grimm und Philipp Daum für die Redaktion der ursprünglich für Krautreporter geschriebenen Texte, bei Matthias Warkus für das Lektorat dieses Bandes und nicht zuletzt bei Leon Fryszer von Krautreporter, dessen freundliche Kooperation dieses Buch ermöglicht hat.

Wenn Sie mehr Musik aus Klassik und Umgebung kennenlernen möchten, abonnieren Sie meinen kostenlosen Newsletter »Schleichwege zur Klassik« unter www.steadyHQ.com/schleichwege ⊙. Dort geht es weiter mit Dutzenden Texten und Musikempfehlungen, die es nicht ins Buch geschafft haben.

REGISTER

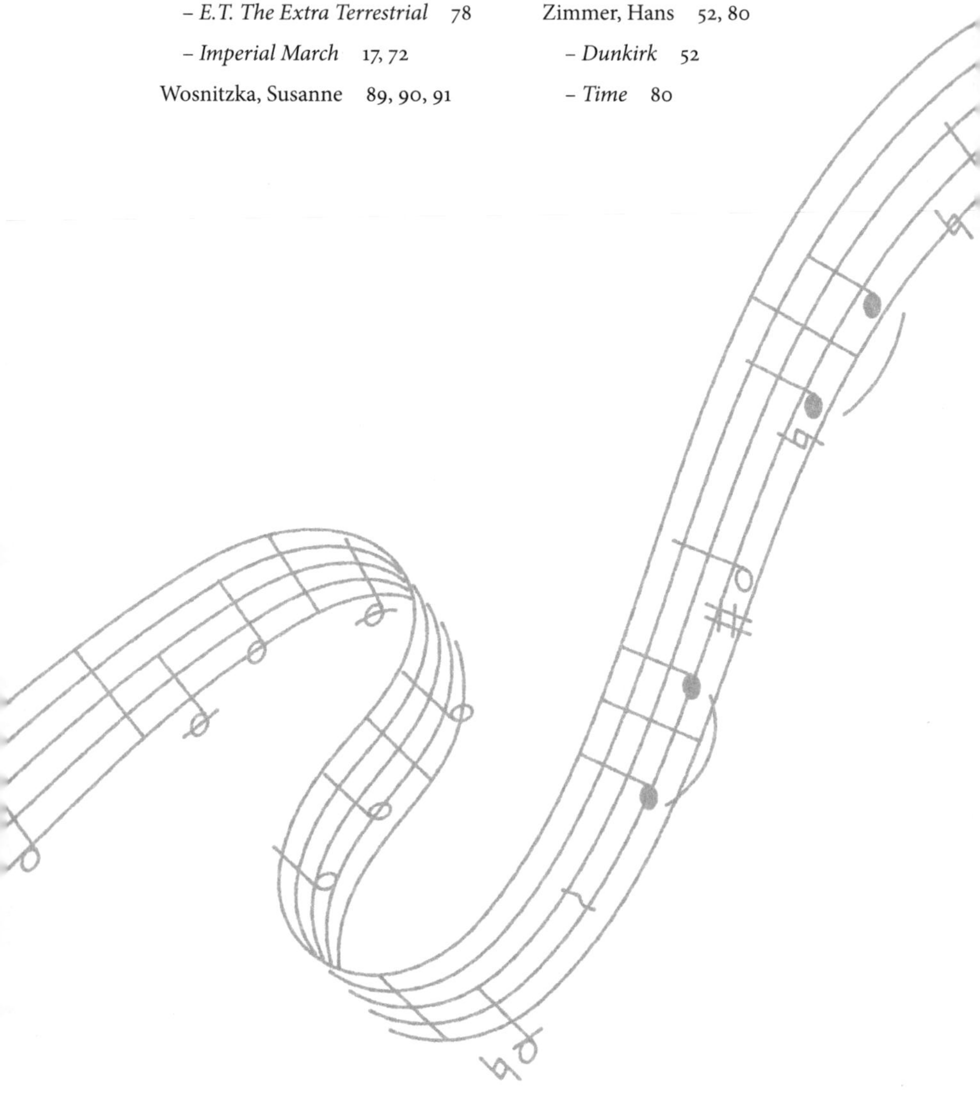

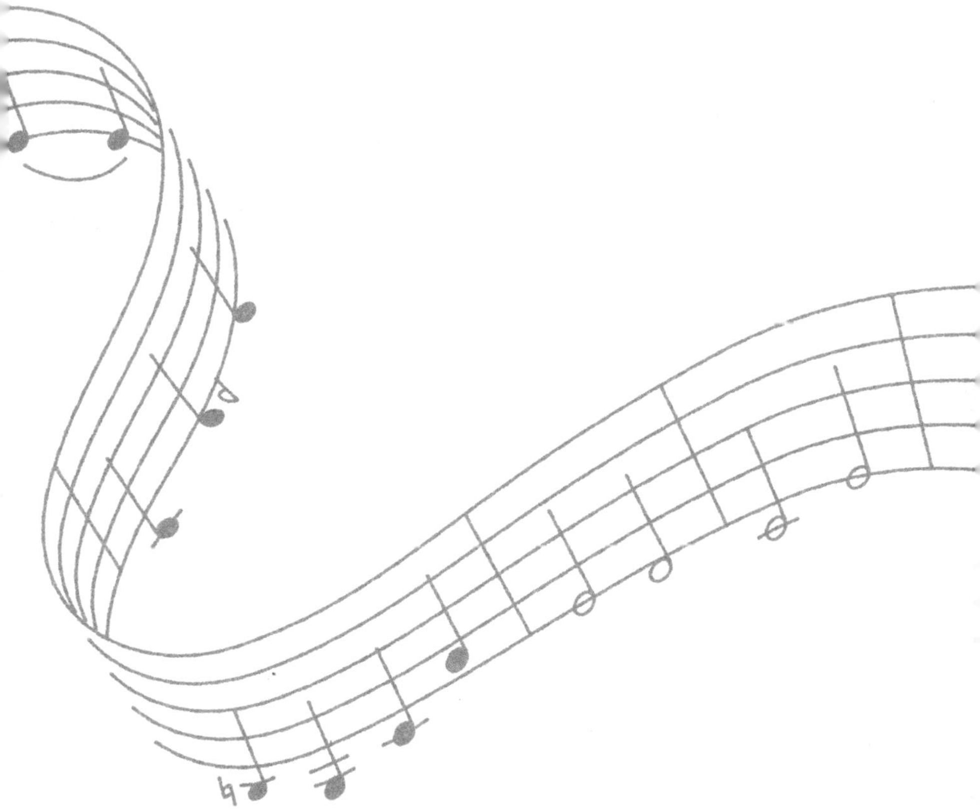

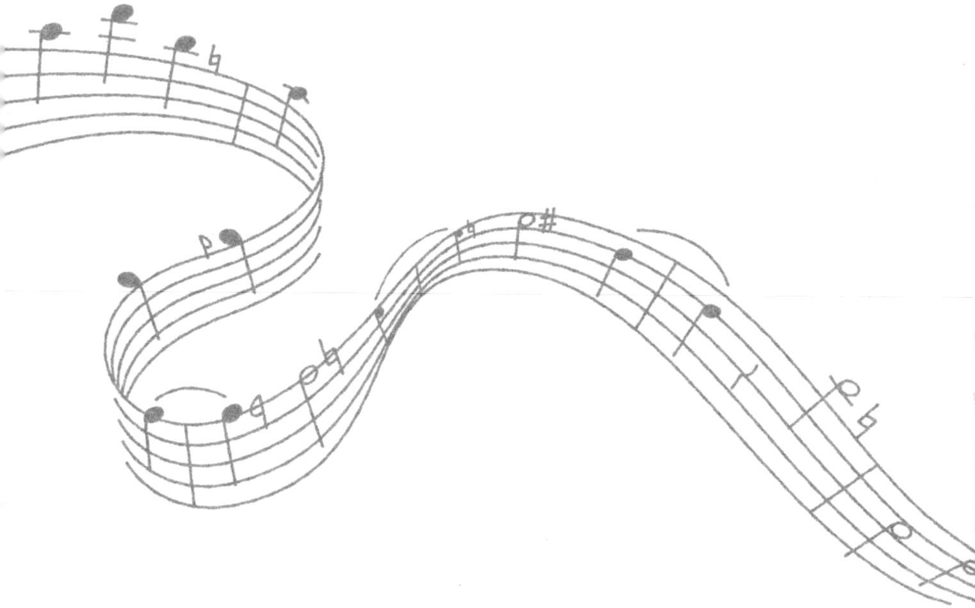